東京大學東洋文化研究所
大木文庫藏明清稀見史料匯刊

第二輯

④

上海古籍出版社

各院部簽式（一）

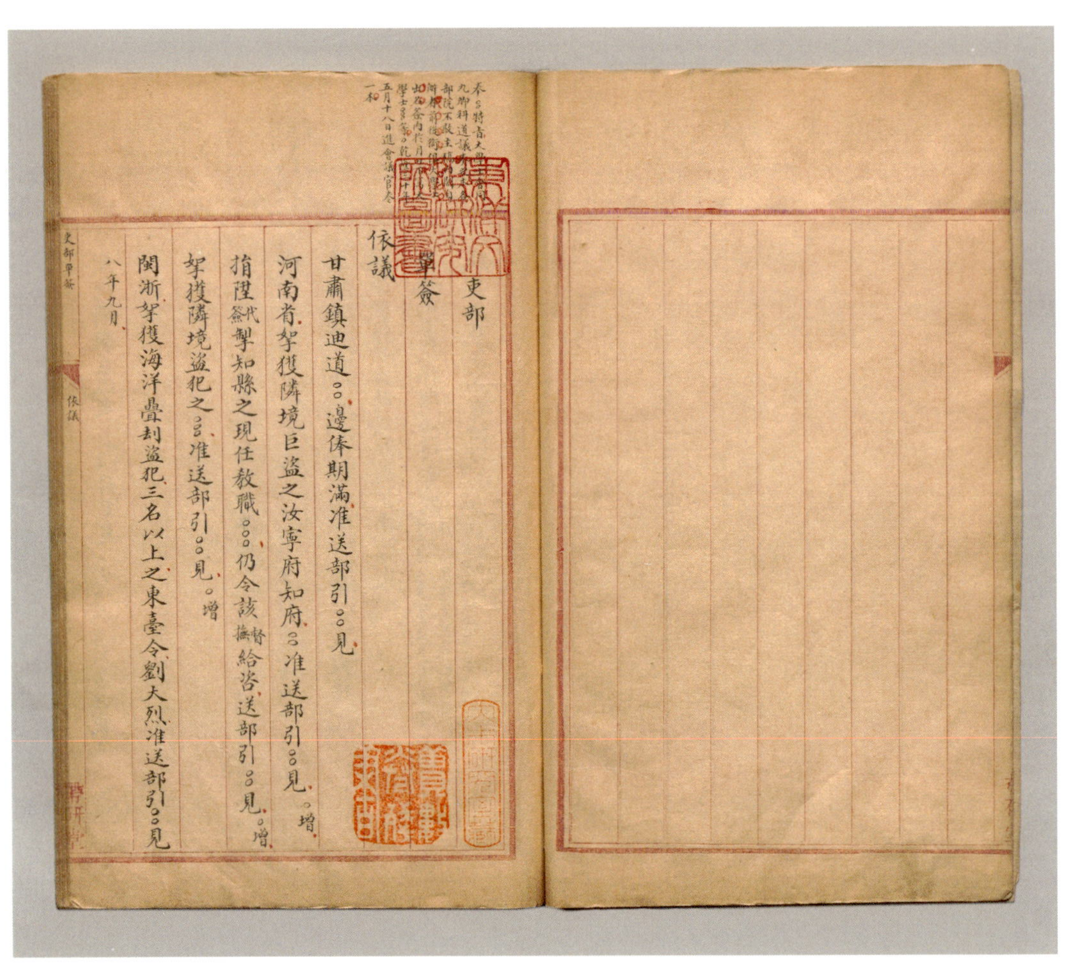

吏部

單簽

依議

甘肅鎮迪道○○邊俸期滿准送部引○○見

河南省拏獲隣境巨盜之汝寧府知府○○准送部引○○見○增

捐陞簽代拏知縣之現任教職○○○仍令該督撫給咨送部引○○見○增

拏獲隣境盜犯之○○准送部引○○見○增

閩浙拏獲海洋疊刦盜犯三名以上之東臺令劉大烈准送部引○○見

八年九月

各院部簽式（二）

本册目録

各部院簽式（上）

各部院簽式

《各部院簽式》，不分卷，一帙八册。編纂者姓名不載，或爲道光朝内閣中書。中縫處有「帶研堂」三字，正文中有雙行注釋，頁眉處亦有批注。册一至册六以衙門爲目，收録六部及欽天監、宗人府、太常寺、通政司、大理寺、太僕寺、國子監、理藩院、光禄寺、順天府、内務府、翰林院、都察院等在京衙門單簽、雙簽及説貼的格式、事例。册七、册八以票簽款式爲目，收録該部知道、知道各式、該部奏議、奏議各式、該部察核具奏、察核各式、具奏各式、法司速奏各式，以及附參、例參、例保、開複、特參、專請等人事處分任免的票簽格式的適用情形與事例。該書收録事例多爲嘉道時期内閣票簽事例，册一收録票簽事例：「琦善、奎照、忠林、周余慶、長升、何樹本、伊星阿、陳啟豐、那丹珠、倭什布革職留任之案，俱准其開複，單併發。」雙行小注云：「去年二月二十九日，吏部題查核一本，内稱欽奉十五年恩詔，内外官因公詿誤革職留任者，查明奏請開復。」琦善開復在道光十六年二月三十日，與吏部題本、十五年恩詔時間吻合，小注所云「去年」當爲道光十六年，則該書編纂時間應在道光十七年前後。（桂濤）

奉○○特旨大學士會同九卿科道議奏之本各部院不敢主稿内閣自辦者前後銜俱大學士出名簽内於月日下寫大學士○○等○乾隆三十年五月十八日進會議官參一本○

吏部

單簽

依議

甘肅鎮迪道○○邊俸期滿准送部引○○見

河南省挐獲隣境巨盜之汝寧府知府○○准送部引○○見○增

捐陞(代簽)挈知縣之現任教職○○○仍令該(督撫)給咨送部引○○見○增

挐獲隣境盜犯之○○○准送部引○○見○增

閩浙挐獲海洋疊刦盜犯三名以上之東臺令劉大烈准送部引○○見

八年九月

吏部單簽　依議

京官、京堂以下、翰詹科道以外、不出名、入月選則出名

拏獲隣境盜犯之○○○、准引旨見、○增○後有准升單說式

盛京戶部員外郎、捐納、祿淳、試俸期滿、三年、准實授、十四年九月十七日、

各部員外郎中請實授、○本尾移咨吏部○月選者出第一員名

委署主事三年期滿已、經奉○○旨應用之後擬補、○增、

盛京助教缺出請頒試題、試畢咨定、○增

各部主事試俸期滿、請實授、十二年七月十九日戶部主事鍾裕一本內有題銷字、想為試俸也、不出

盛京主事年滿實授、○增○額外主事准補堂主事、○增

理藩院筆帖式擬補理藩院主事、○增

題補中書、

題補助教、

舊式○、補漢中書、票○○等依擬用、補滿中書、票○○○○○○俱依擬用有數人俱出名。○增

中書俸滿、○增

中書科中書、轉掌印中書、○增

請派吉林等處倉監督、○增

准補盛京驛站監督、○不出名、乾隆三十五年、改票依議。○增

准補學録等官、○增

琴山先式、及各舊式、盐大使調庫大使俱出名。河工、盐場、佐貳、實授出名。場員調庫使不出名。場員及河工佐雜調補出名。衛千對調舊有出名簽式。楊前輩云、可用可不用。

題署知縣另請實授、言異日另請 行取知縣代掣主事。增

分發知縣甄別改補佐貳之馬允剛、准仍以知縣用。乾隆五十七年七月十六日。增

截取人員。增

截取舉人不能供職、照例准給京銜。增

咨取行取。增

縣令改教。增

盐大使調補庫大使。特題盐大使出名。增

佐雜千把調補、俱歸彙題票依議。惟盐大使河工佐貳實授者得出名。成甫先生云以得引見也。祝前輩云、千總調補無彙題、都

皆單題票依議。十六年四月。

河南○○縣教諭○○○准保題

陝西定邊縣典史○○○俸滿准保薦

教職保題、○增

河貟保題、○增

保送科道合例、○增　令應用御史人員掣缺○全增

覆准調補佐雜、○河工佐雜不同○增

○○石匣縣縣丞黄玉登、准補宛平京縣縣丞、○增

教習期滿、○增

邊俸年滿、○增

依議

補給敕書。○增

陞銜留任。○增

義學教習年滿准給職銜。○增

大員追授爵。○增

督撫應加銜。○

貴州安化縣屬土巡檢○○○之子○○○准承襲。○照例承襲土司。○增

請給封典。○覃恩三品以上准給封典。○增

請給○○封典各員職名。十年九月十九日

籤掣湖北試用○○之○○○親老准改近○選官親老改近。○增○告近各員籤掣遠省，准於近省改掣。○八年八月

十四年○○恩詔請封各員職名、十六年五月二十七日

改設官員、○增

道員以下准休、○准終養、○增

陣亡各官議䘏、○增

照例迴避、○增

巡檢准裁添、即以裁缺巡檢、調補新添之缺、○增

雲南思茅廳同知成斌、邊俸期滿、遵○○旨留任候陞、先奏後題○九年七月廿八日

甘省西寧府屬裁汰添設官員應行刑錢各項事宜議覆、十年六月十二日

廣西遷江縣知縣郭○○推升○部主事、照例開缺、行令引○見、十二年五月十三日

吏部單簽

依議

此條歸月選則應出名〇京官京堂以下、則不應出名〇查舊式有行取知縣代掣主事票依議條、又有開缺引見等句、票依議又無准其陞補句、只有鐵升開缺云云以票依議〇為是〇

十一年十二月十日、吏部題雲撫毋〇本稱安同知王綬請升鎮江守所遺員缺請以改簡之同知牛鎮補授未敘明俟王綬引見准升後遺缺准補云云〇撤回〇覆片云本年十月奏〇定〇凡奉旨〇准補之〇遺缺即〇題〇應補人員不必俟引見後再題〇積缺云云遂票出名簽

行取知縣代掣主事〇舊式〇十二年五月十三日抄補、

刑部右侍郎恩銘之子舒文准復廕、十二年五月二十八日

本內聲敘大員革降其子孫得廕者如既仕、則不革、如未出仕則併革其祖父

如本案開復或特旨復用〇則准還廕〇

廣東委用令〇〇俟平遠令〇〇調補新會令遺缺、准署理、

題署道缺、〇增

直隸候補令〇〇准署阜平令、

補〇授〇始出名〇題署則否〇〇注增

陞署遺缺、另請署理、

原票俟引〇〇見之日、該部奏〇〇聞請〇〇旨又〇〇等俟引〇〇見後該部奏〇〇聞請〇〇旨〇乾隆三十九年四月二十二日、于中堂諭、如此票擬〇未為不可〇〇倘遇人多〇未免致漏〇改依議〇〇增

但見因一缺而溯敘三人所重在末一員不知三人雖不重而一員係補則餘者皆非現補係字自重也票出名童前輩改

○○穿長場盐大使楊書績、係青村場大使蔣祥堡引○○見准陞後遺缺准調補、九年五月初一日○蔣請陞諸暨令原票出、樵前輩芟去、

四川綦江令郃兆禄、係達縣令祥善調補富順令後遺缺、准調補、通本及夾片、只敘郃一員、調祥遺缺、部議係成都令引○見升敘永同知遺缺准富順令補富順遺缺准達縣令補達縣遺缺准綦江令補、一路敘來皆為郃一員而連及者、是以本面只出祥善遺缺　十年三月初八日

廣西鎮安府教授黎中行准查銷保薦、仍留本任、本員親老呈請○十年八月二十八日

吏部單簽

依議

伪○定○、變○諭○、分○清○

留甘另行補用之西寧令○○陞補靜州牧候引○○見定

調補令○○俟○○令○○○引○○見准升後調補、○增

署徐州府宿虹河務同知○○可否准實授候引○○見定

齊齊哈爾城官學教習○○○年滿請引●見後陞補、○增

廣東高要令可否陞署○州直隸州牧候引○○見定

全改全　七行

無可否字則准字動。十五年四月二十二日高四兄本前有准字後有候定字而無可否字祝前輩云應出名已翻二三次

本内稱教職已經開缺、州同亦照例開缺、以係行令引見、將開缺字畧刪票簽則用依議

直隸涿州牧色棻請陞補東路同知候引。。見定・九年五月初四日。本内出順天涿州無直隸字十三年六月二十三日沈五兄看一本前有准字後有恭候欽定句子意應票依議祝前輩牛四兄皆以為應出名予終覺未安。祝前輩式有前出准字後有可否請定字票依議式。前有准字後有候定字、而無可否字似應票依議而文職河工武職水師有越職升者本内稱敘成例應候定、亦不出名、如本内復有因出缺升調者、並不出名

照八法議處之員例應引。。見、。增

推升鄧州牧之土田州州同王友基、行令送部引。。見

推升山西渾源州牧之廣西全州州同佛寶等、尚有教職升知縣一員、行令給咨引。。見、十一年十一月十一日

推升平遠州牧之四川布經朱。行令送部引。。見、

吏部單簽

依議

何鍾係論俸推升之員。俸次最深。與即升桌巽者不同。該督撫接奉部咨確查實堪勝任引見後再開缺。若只堪留任者引見後改為加一級將升缺另選。十一年五月十四日補

捐陞代挈籖知縣之現任教職。。仍令該撫督給咨送部引。。見、。增惟同知升知府一員俟引見後開缺十年十一月十五日

十月分推陞主事等官、四員有知府等、行令開缺。即開缺者三員、調取引。。見、

籖陞浙江嚴州守之寧陜同知朱紹頴、照例開缺、七年二月

籖陞山東武定守之奉天復州牧何鍾、行令給咨引。。見、其知州暫停開缺、

直隸試用令許。。請署淶水令之處毋庸議、

三月分急選通判。。。此一人月選本只行令送部引。。見、本内先敘籖掣再言調取引。。見即令開缺、

十六年四月十六日方田兄本

直隸。。令請調署大興令之處毋庸議、

桌巽桌改卓 上宗字二行

邱房改印房 下一行

卿改薌　五行

如升知縣、則應出名。且有用說帖单簽者。感〻式此令引見。是以票依議。

推陞直隸趙州知州之刑部主事、下有開缺字、烏什邱房章京、下有給咨字、德克崇額等、照例開缺、行令給咨引。。見、十一年七月十一日

拏獲隣境罪應斬決等盜犯之廣東肇慶府經歷張大緒行令併案送部引。。見、十二年十月初三日

推陞河南河南府知府之浙江湖州府同知、葉申少卿、等尚有知州一員、行令送部引。。見、十六年三月十五日

本内稱掣得缺、行文交代引見、遺漏注考。上司議處。題明開缺引見。不得逾半年限。必須半年以上者、於兩月内聲明、另行銓補。率請暫留。上司議處。開缺到部都引見升用云云。

議覆條奏各事宜、。議覆移駐事宜。增

吏部單簽

依議

帶研堂

舉行京察各事宜。○增

京察各官停其升補。○增

舉行大計各事宜。

押運出力各員議敘紀錄二次。

都察院纂輯臺規書成在館役滿之供事張滙川等議敘。九年二月初六日

覺羅學副管長議敘。○增

武英殿及各館修書准議敘。○增

武英殿修書處已邀議敘之供事江○○等准加級。道光九年正月二十四日

內有已升御史一員、舒德出名易前單改

江蘇捐建書院之高淳令許心源等分別議敘、高淳縣書院、許○倡始紳士請敘者十餘人。九年二月習

照例加級、○增

四川省捐資修城之劍州牧曹堅准議敘、加一級。九年二月二十五日

捐贍族田准議敘。亦入戶部、戶部乃本條

刑部奉天等司核駁事件、滿漢司員照例議敘、紅錄記檔。十年三月二十一日

黑龍江倉官陳昌運四年期滿准保題、以主事升用。十四年八月二十一日

吏部單簽

依議

帶研堂

疎失餉鞘之烏里雅蘇臺委員户部主事佳克濟克革職。本内不夾簽。詢係京員，不

加說帖。只票依議單簽。二十五年六月二十八日。李樸園前輩記

徵收關稅銀兩欠四分以上之前任淮南關監督現任龍江關監督

内務府郎中明倫，無級紀抵銷，於郎中任内降一級調用。係外任處分，應票出單簽。而又

是京官任内降調，又關差與外任官有間，似是委員一例。用李式。十六年二月二十六日

太庚改大庾　上六字
慈溪　溪改谿　八行

京官降革、亦用依議、
大員則出名

短徵正額銀兩不及半分之前任淮關監督內務府候補七品苑

副慶琛降調等因、內有短徵盈餘銀罰俸一員、十五年四月初二日

題參屬員、各部院同。○增

徵員勒休、○增○降調○告假仝、

徵員罰俸彙題單題、○增

照例免議、

降留各官、

於報捐人員濫給文結之前任慈溪令○○議處、

於造報錢粮等冊遲延違限之雲南趙州牧○○等議處、

吏部單簽

依議

耕研堂

九年八月初二日江西錢糧
處分本內太庚令楊獻弼、
革職以在限內離任改為

罰俸一年署知縣縣丞張溥革職以佐雜不出名不票雙簽票依議

特○旨及傳遞一條重則應入單說

於境内夥衆興販婦女失於查察之前署枝江令○○議處

此等若有大負則出名各官實降革則入單說雙說各官降罰銷抵留則依議

交代錢粮未清之前任山東齊河令○○議處

赴任違限四月以上之廣西桂林府經歷郭效儀等議處十二年七月十六日

特○○旨議處人員增

依法決責致死人命之○○署内江令○○降抵

失察傳遞之○○○○議處○科場失察不票雙簽○增

於所屬拏獲斬梟重犯中途被刼不能督緝防範之彰德府伍○○

降抵等因

前潤令前豐潤令　五行

審案内二行

降調應增說

此等只票依議與出名式相似不同須辨以照例二字為重兵部仝

十年四月二十日記

河貟於保固限外工潰議以革職戴罪修築。○嘉慶三年二月二十五日又十二月十八日○增

審案内開復仍照例降調等官。○增

大貟罰俸後查出級紀准抵、但不出名○增○抵銷題結查出級紀吏正○仝○增○十年閏月十八日直隸○○令○○○公罪降調雙請後吏部接直隸咨文該令有恩級一、又題請抵銷降級、文江兄云、此只照大員例票依議

於經徵錢粮業經豁免之直隸前潤令鍾翰原議查銷等因、

於呈報人命輙委佐雜相驗之湖北江夏令○○原条革職開復仍送

部引○○見等因、

於造報不足分數錢粮文冊違限半年以上之前署浙江青田

令王○原議降級之處開復等因、

吏部單簽

依議

帶研堂

文江兄云叅案開復
外官四品以下皆票
依議。按此常式

九年七月初三日河工
主簿王導等四員全題
本内無彙題字。有夾
片出首員名

○○省續完○○○○銀兩之○○令○○○原叅准開復、有數人添等字、

○○省○○縣續完○○銀兩原議職名准開復、此式亦簡明、若有數縣添等字、有數人添各字。九年二月

彙題○月分咨補升調各員、

彙題升調補佐貳人員、無夾片

彙題河工佐雜各員試署期滿准實授、按河工佐貳彙題不出名單題夾片。出名、

彙題試俸期滿捐納通判各員。增

彙題銷去試俸字樣各員、捐納人員試俸三年期滿已經奉文實授。本尾開列職名、無夾片

彙題兵部咨到道路村莊失事、○增○有大員出名、

彙題微員罰俸。○增

彙題世職。○增

彙題各省保舉孝廉方正人員。○增○有冊添冊併發，或單併發

彙題議處議敘各員。○有大員出名

彙題微員告假丁憂各案。○終養休致，併入一本。○彙題修墓省親，票知道了○

彙題州同以下等官議處議敘各案。十一年五月十八日

吏部单簽

依議

衍聖公咨送部試

衍聖公服闋。

咨補。。至聖廟。。官、本面不出名、。補。。聖廟七品官。增後一條

咨補。。尼山書院世襲國子監學録官、。衍聖公移送管勾典簿等官、。增

准襲五經博士。亦入禮部。禮部乃本條。

廣東平遠令。。俟新會令。。引。。見升用後遺缺准補用、

通判籤陞員外郎、行令引。。見通判員缺另選、。增。此條本內附月選官後、。嘉慶廿三年舒麟等一本

籤升官員行令給咨引。。見後補放、西安理事同知六十九籤陞禮部員外郎其同知先行開缺另揀、。

州同以下微員。議處不票雙簽

京外移任官員處分當以後雙簽為定

各官同議內有京員不出名。歸餘依議。若專本則依議矣。然前為京官後移外任京官任內處分用單簽尚可。若先外任任內處分後改京職則須票出後雙簽。係及兵部雙簽內有式。此與之不合

縣丞因署知縣任內、實降、吏部不夾片。內閣不票雙簽。各佐貳官署州縣同。

京官及八旂武官因公事故　不票雙籤。本衙門可自行保奏。

乾隆四十八年四月十七日進失察竊米之倉監督議處本內、朱炘現任同知降調因京員任內處分雖有吏部夾片仍不票雙簽。又吏部主事姚左垣雖係實降。亦不票該堂官出具考語簽。只票單簽。○增

清水河協理通判、經徵草折銀兩未完革職、

本內無夾片行查據覆該員係筆帖式例不夾片。乾隆十二年十月初二日○增

失察西洋邪教各官議處。○增

吏部單簽

依議。議處京外移任京官官員。說帖

乾隆五十一年六月二十六日。本内黄檢前任知府。今為侍衛。傳問兵部。侍衛因公降調例
不夾片。是以不票雙簽。○加說帖

查本内前任山東濟南府知府黄檢係奉。旨作為三等侍衛、効力贖
罪之員、是以簽内未經出名、

失察西洋人傳教之江西歷任官議處、○增。乾隆五十二年三月十八日

查本内議以降一級調用之前任廣饒九南道現任杭州織造額爾
登布簽内例不出名、恭候。命下、照例申内務府辦理、理合聲明、

謹。奏、

申改由　六行

告假、丁憂等、票依議

知道了

彙題給假修墓省親各員、

彙題各官給假、

旂人隨任就養、

外省大員丁憂、乾隆二十一年六月十九藩司德舒一本。閏九月二十五日道員五神保一本。增

彙題外任旂員父母留任子弟名數、兵部、票依議。

依議册留覽

京察七品各官、。增。此條乃小京察、故用依議字

吏部單簽

知道了。册單留覽。併發。依議册留覽

此等只票依議與
出名式相似不同須
辦兵部全○八法與
特參不全故不出名

三品以下堂官同

今則常票

大計各省不入舉劾各員

大計不謹罷軟浮躁貪酷等官

舊票這考察○○者著○○云云今祇票依議 不譯字
○增○無冊去留覽句

知道了 冊 單 留覽

各省大計藩臬兩司履歷考語呈○○覽

票單○牛四兄云呈覽二字可省
單須細核易前輩囑 十年三月十九日

各衙門並旂員
京職領過俸米俸銀數目奏銷 票冊

十五年十二月十七日八旂此本內前敍各衙門將
名數黃冊呈御覽交與戶部查核覆奏疑不當

票留覽字祝前輩云前所稱交戶部者乃名冊此乃領俸冊與前冊不同也仍用留覽

京察在京三品以上堂官在外督撫 ○增○票單

本內俱有履歷單在京堂官本內○另有大學士等不入京察有○○旨意片一件○查三十三
年單內有○○硃筆存閣是以滿漢票簽公議添寫單留覽三十六年三月十一日亦進過
查在京堂官在外督撫二本歷來俱由軍機處繕寫○○諭旨交出繙清送批發科皆未票過
此簽○增

三品以下京堂引見、藩臬入計有履歷有考語、

京察三品以上京堂、各省督撫履歷（二字可省）○單一、片三、單二、名單一、履歷一、片三、二年五年上次上諭作比照、○道光十一年正月廿一日進

知道了單併發

彙題三年內甄別過教職佐貳等官數目、

捐納商人議敘分別辦理、○增

吏部單簽

知道了○冊單留覽○併發○

帶研堂

准字兩著字項格寫下一字删

該衙門察收

恭繳。。上諭、

著察例議敘

捐助軍需等項、

准准其終養照例開缺。增

准字上添姓名

著著給假開缺餘依議。增

著著以原品休致餘依議

吏部單簽

察收。察例。原品休致。告病單請。終養。給假

出名大員、告病告休、　○增○文貞○部准○增

余本惇著解任調理照例開缺、○本内單請○四年四月十六日○增

○○○補授大學士　空○名○簽、○乾隆三十八年八月初一日于○○、一本

開列大學士缺、○增

○○○著前來照舊辦事　空○名○簽

○○○著照原銜仍為文淵閣大學士兼工部尚書　名○簽○又式○乾隆十六年五月初十日陳○○一本

大學士服闋、○增

○○○補授内閣學士兼禮部侍郎銜、　空○名○簽○乾隆三十八年二月十一日嵩貴一本

如有兩上缺同本都則添俱字○後注增

○○○補授内閣侍讀學士宗丞府尹、太常大理卿、通政使、詹事、光禄太僕卿、通副、常少、理少、鴻臚卿、僕少、順丞、閣讀學士、祭酒、通參、光少、鴻少、少詹、洗馬、欽天監監正以上三品至五品俱票空名簽與閣學同。○增

開列員缺、○增

○○○補授○部尚書空名

○○○補授○部侍郎○本内無左右字照此
左右侍郎○空名○乾隆三十八年正月十三日李宗文補禮部右侍郎一本

○○○轉補○部左侍郎○○○補授○部右侍郎

各部尚書侍郎員缺、請○○簡、○增

○○○轉補○部左侍郎○○○補授都察院左右副都御史

○○○補授都察院右左副都御史

吏部單簽　簡任大臣　晉研堂

現自侍郎以下、俱係開缺之日即奉○旨補放○無由進本補授都○惟閣學及三品以下京堂翰詹○多由進本○簡放○即副憲亦有不由進本放都○然間或尚有○若侍郎以上○三品以上○久無此事矣○倘有○亦不過票空名簽○增

都察院左
左右副都御史員缺、增

請點教習庶吉士、空名○增

著○○○教習庶吉士

○○○補授○○省總督○巡撫○河道總督○漕運總督
○○省布政使司布政使 按察使司按察使 鹽運使司鹽運使

開列員缺、督撫藩臬出、省分河督出○、河字運司廳出○、省漕督不用省分字、○增

○○○著內陞餘依議

外省司道官員開列內陞、乾隆十年七月十四日○增

○○○補授詹事府詹事 九年四月十六日

○○補授翰林院侍讀學士○○○補授翰林院侍講學士

李煌轉補翰林院侍讀學士○○○補授翰林院侍講學士　雙簽

本内稱病痊候補侍讀學士丁傑、服滿候補侍讀學士馮芝、並應轉之侍講學士李煌開列候簡一員，如馮丁補授，則應轉者毋庸轉，如馮丁未經補放，仍照例將俸深侍講學士李煌轉補，所遺侍講學士缺，將例准講讀學士通融補用之馮丁二員並應升之○○等，簡一員補侍講學士，是以雙請，而李煌出名，作第二簽。○祝前輩斗四凡式有師承瀚應補錢林應轉補左春坊左庶子雙簽俱出名式彼應補一人，是以第一枝亦出名

太僕寺少卿員缺開列請○○簡、

○○補授太僕寺少卿

○○○補授翰林院侍讀講學士○此不轉補者，○庶子講讀中允同。○增

○○○轉補○○○○○補授左春坊左中允

吏部單簽　卿○翰林○科道補授　出名　出缺

增。出名京官。通叅理少、常少光少僕少鴻少府丞監正監副司業閣學內閣侍讀學士司業。外官。督撫藩臬塩政學差陵寢総管。京官翰詹科道、

轉掌印者、舊票轉補近改補授、惟京畿河南道仍票掌。按

左春坊左中允○○轉補所遺之缺、開列請○○簡。

出名。奏。宸。上駟院卿京官五六品京堂以上。翰林授職後。科道。部郎出學差。織造兼卿御。外藩王公貝勒不出名察爾哈総管不出名侍衛不出名闕差不兼卿銜不出名塩運使不出名外任道以下不出名。此專論人事雖輕出名如罰銷、開復加級等事。事例出名詳後。事重則自知縣以上俱出名如題升、調補、實降、革等事

馮芝轉補翰林院侍讀○○○補授翰林院侍講

○增轉補照本出名補授空名。舊式有其○○員缺著○○補授此式近不甚用。按有○○旨意片。則照寫不拘向用之式

馮芝轉補翰林院侍讀、所遺之缺開列請○○簡、

乾隆四十五年十一月進應補授者二缺添俱字。增

著○○○署理

署掌道。京畿、河南、道。票出缺分餘照此式。增

○○補授○○道監察御史

給事中仝。空名。本內有試字者、用此式。增

○○著掌京畿道事○○○著協理京畿道事

○舊票調補○○道御史、近改。增。各道同、

○○○著署理○○道並稽察○○事務　空名

○○○補授○○道滿監察御史

科道請補、請掌、請署。○增

○○授為翰林院修撰○○○俱授為翰林院編修　硃簽照本出名○注增

鼎甲進士授職。○增○鼎寫一

○○○俱授為翰林院編修○○○俱授為翰林院檢討

庶常授職。○增

吳烜轉補左春坊左中允○○○補授右春坊右中允

吳烜轉補左春坊左中允所遺員缺、開列請○○簡。○增○嘉慶二十三年十二月初六日吳烜有降留案、本内有如蒙○○俞允句、無可、否、字仍票單簽

吏部單簽　卿○翰林○科道補授　出名出缺

此可見成式非可執定。雙簽改單

伊朝棟准解任開缺。。。補授光祿寺卿

光祿寺卿員缺，請。。簡，向例京堂告病、變簽准開缺後，方進補授本，此係伊子呈請告病，部本將請補之員合為一本，酌票此簽。乾隆五十八年十一月初二日。。御門下。增

提督。。學政著。。去

開列員缺，空名。不用省字。增

。。。補授 翰林院侍講 國子監祭酒

翰林院侍講、國子監祭酒，員缺開列請。。簡，翰林本內，初升任右春坊右庶子，所遺翰林院侍講員缺請簡，與轉補者不同，故用單空名簽。九年三月初九日。祭酒本內程恩澤丁憂本面不出。九年三月初九日

。。補授刑科掌印給事中 易前輩刪去漢字。十年七月廿九日

刑科漢掌印給事中員缺，開列請。。簡，原任程德潤放道，不票出。擬定正陪每一人，亦不票出，本內有開列小字照用。

第一員名照本不照單

凡歸帶領引○○見之缺

不進本引○○見後補題

月選推升、籤升、滿月、皆

引○○見後題本照前寫簽

亦有已奉旨依擬用而補

行引見者亦照旨寫簽

惟籤升後調取引見其

原缺分別即開與否則

票依議、總分別在奉旨

以先以後而已兵部月選

本與此不同

○○補授司經局洗馬　○十二年五月　日

○○等依擬用餘依議　餘依議句照本○級紀、隨帶、等事、統歸餘依議○後注增

六月分籤選郎中等官、○○旨意片一○單一○照○○旨意片票簽、如○○旨意內無餘依議句而應添餘依議者乃添之而不寫照○○旨意寫簽句

七月分急選員外郎等官　單月為急選

二月分陞選員外郎等官、○○旨意片一、單一○九年三月十一日○員外道府通同縣令共十員、名下名上俱有注

兵部推陞各官

六月分推陞教職等官、

六月分大選在部籍候選佐雜等官、雙月為大選　教職、佐貳無旨意片有單

吏部單簽

月選官○滿月官○簽升官○已引○○見補引○○見○未引○○見○未引○○見已奉○○旨○改教

大約爲留部、所以出名、
司員補缺、近俱不出名
勿拘舊式〇易前輩云

應引〇〇見之員〇尚未奉
〇〇旨直票〇〇擬正者依
擬用〇須酌〇

主事留部補缺、與依議條、主事試署期滿等條、衾酌〇九年九月廿六日記
以入月選故出名、也十二年五月　知縣推升主事、亦未出名此在照本酌之〇十二年五月記

三月分急選典史徐良玉補行具題　十年閏月二十四日

凡月選官、無論教職佐雜、俱照〇〇旨意片出第一員名〇月選出名另例〇有選後告病下月始
驗看過堂者亦出名〇補題無旨片

達善依擬用餘依議

三月等月推陞蒙古郎中等官　本内蒙古郎中員缺已於三月内奉〇〇旨補授此
係升任郎中所遺禮部科甲員外郎擬定正陪請
〇〇旨簽上直寫擬正之〇〇記此爲式〇旨意片寫蒙古郎中著〇〇補授〇增

〇〇等依擬用掣得〇〇省〇〇縣知縣之〇〇〇著以教職用所遺〇〇縣知縣員
缺著擬〇知縣〇〇〇補授餘依議

月選官改教、

引〻見奏〻旨後題本、

滿月官如單題一員、擬定正陪者、照此式、莫只票依擬用。如總題數員而擬正者在後、仍票依擬用、又改於依擬用下票出在後之擬正陪者。如總題而擬定正陪者在第一員、則票〻缺著擬正之〻〻補授、餘依擬用。酌問、

十六年二月二十六日牛四兒又改將依擬用數員全出、將擬正之員單出、吏分曉、

安慶等依擬用

。月分擬補滿月官、。。旨意片一

十二月分滿月官。盛京禮部員外郎等缺、擬補、二缺、正陪四人、安慶員外擬正者。照〻

旨意片寫簽、。八年十二月十一日

楊文煥依擬用所遺序班員缺、著擬正之王廷森補授。。增

鴻臚寺序班。。。擬陞鳴贊、所遺員缺擬補、

照旨意片寫簽。。道光七年四月初五日。增

議覆鴻臚寺咨補鳴贊等官、

乾隆三十年二月初二日進補序班一本。例不引〻見本内雖有欽點一員字、仍照

擬正之員寫單簽。。增

十年十二月初四日一本照此式。莫祇票依擬用一句。

吏部單簽

堂

月選官須將本與單對查名數。十三年八月十五日記

十一月分陞補東陵員外郎　照旨意片寫簽

○○依擬用餘依議　餘依議句照本無本尾不用此句

籤陞各官已奉旨依擬用者未引見先奉旨以籤升也補行引見已引見了補引見後補題本本後開履歷

籤陞知府等官補行引○見○無旨意片亦票依擬○旨意於引見時已下

已引見奉○旨或先奉旨籤補引見吏部俱另題本○成甫先生云題本乃定

戴凝之依擬用　無本尾

直隸寧晉令○○籤陞定正府同知補題十一年四月二十五日

敍旨無片。

已引見、已奉旨、後補題、一也。先奉旨、已補行引見、後補題二也。已奉旨未引見、行令引見補題三也。皆票依擬用、惟未奉旨未引見、惟籤升後行令閲缺、且有俟引見後閲缺者、調取引見、則票依議、載前

吏部單簽

本内聲敍該員未補缺時、軍營出力、奉旨補缺後、以同知直隸州升用、遇缺即補、
於四月初一日附入月選官引見、祝前輩云、非四月中選、故稱補題

本内敍旨意無旨意片。

○○○等依擬用、餘依議。○增

禮部鑄印局大使籤陞州吏目、

○月分籤陞○○官員、行令送部引○○見

此條酌如有俟定字、應票依議。十一年五月十四日訓導黃體正等籤

凡籤升官員大小俱出名、如數人出首員名○升一本、照例開缺行令引見、票依議、以閲缺為重也。祝前輩云

按依擬用旨意片、須引見後乃下、此條須酌

附引見後補題。無旨意。即本内敘旨。

兵部月選有引見後奉旨後錄旨後。又另敘一二人。本後單開此一二人履歷。如陳振邦等者。與吏部不同。無誤。

德克崇額等依擬用餘依議

推陞直隷趙州牧之刑部主事（出爲什印房章京差出力得升。不出差事）德克崇額等、（尚有劉建寅升通判）

補題、（本内聲敘將二員附入二月月選官引見並敘旨意日依擬用、不出人名、易前輩云、旨意出月選官名。非德某也、是以不出名、亦無旨意片。○牛四兄云、此必是將二員附）入月選官引○見後分題二本一月選各官、一則此二人也、再詳。○十二年三月十六日

十三年○月一本刑部主事升刑部員外、補行引見一本只一人、予幾誤票依議、祝前輩云惟本部題陞滿司員、實授乃用依議。既吏部題則必出名、且必有旨片。○滿員往往有一人一本者

本内聲明定例處京司員未滿三年遇有應升京缺時以升銜留任若係盛京應升之缺仍照常升用將安慶擬正生升本内出名片内未出名改簽另為補出在前如陵官升銜留任則歸餘依議

十五年十一月二十四日增後二行

著揀選四員引見

新設臺灣捕盗同知於庶常内揀選

雍正二年二月照○○○旨票簽增

這員缺爾部揀選引見

子牙河分司員缺選擇開列

康熙六十一年十二月照○○旨票簽增

安慶依擬坐陞春福依擬用

六月分滿月官擬陞各員

旨意片一○十年六月廿四日曾前輩本本面未改

麟書依擬坐陞補清長等依擬用餘依議

○○○等缺擬補

陵寢司員坐升坐補在前滿月官在後式注增

吏部單簽

調補已引見坐升不引見署理一人一缺

嵩研堂

此本清長等、俱係擬定正陪引○○見之員。照○○旨意片寫簽。內有麟書、係○○陵缺坐升不引。○○見者不在○○旨意片內、故另出名。○本内又有陞銜留任者。歸餘依議。○道光六年二月十九日

○○○等依擬調補

盛京司官年滿、調補京内六部、

照○○旨意片寫簽、

右監副員缺著○○○補授左監副員缺著○○○補授

欽天監監正、監副、員缺、擬補、

欽天監、太醫院俱本衙門帶領引○○見、○○簡用、照○○旨意片寫簽。○增

工部郎中員缺著勒爾經額補授餘依擬用

四月分滿郎中等官、擬補、

勒爾經額、係○○實録館議敘、應升、帶領在前、奉○○旨補放、餘俱照擬、照○○旨意寫簽。○增○新式

○○○○○○俱依擬用

照本不照片。此條留心莫照片致誤

此署理出名署理副將亦出名州縣署不出名

各部郎中等官

漢缺只出第一員名用等字照○○旨意片寫簽○滿缺照片寫如有○○陵缺坐補者不引○○見片内不出名本内出名照本另出名○即右麟書簽式

伯齡等依擬用餘依議

○○等官擬補

伯齡現出烏魯木齊兵差俟回京補行引○○見准以升缺食俸升轉夾○○旨意片係將本月引○○見各員出名本内又將伯齡開列居首是以照本不照片○八年三月○增○新式

國子監司業著○○○署理

署理司業

增○雍正三年四月

各部院微員俱係該衙門擬定正陪請補移送吏部○票簽出擬正之員名若一人一缺則不出名票依議

吏部單簽

變例、楊前輩云亦有此式、

變例、有旨無片、應照例、所以不得拘部郎不出名之例

按未引○○見與新授同、此與前麟書條下注不同

翰詹科道全大員出名以人重也此與月選等出名以事重也實

兵部科甲員外郎著福奎補授餘依議　本内未擬正陪一人一缺。一人一缺、應不出名。所以為變例

。部漢字主事福奎、請補兵部科甲員外郎、八年十一月二十四日。此一人一缺、卻出名且出缺

○○○依擬用工部科甲員外員缺著擬陪之圖薩布補授　。若所遺之缺、歸月選不准補用、則入餘依議、

孝陵奉祀掌關防郎中員缺著擬正之○○○補授　乾隆十九年十一月初五日

查哈爾游牧理事官員缺著擬正之○○○補授

○○○著授為游牧員外郎　。先出名、。又式、

出名出缺式、。照○○旨意片寫簽、。增○、四條、俱非一人一缺

○○○依議用　各部題請實授内有升銜留任未經引○○見者、仍照本票依議用、有本尾加餘依議

刑部提牢期滿請補主事、　司員試俸期滿請實授票依議。易前輩云近改不出名

改察哈爾行

補實降。實革。自知縣。以上俱出名。然知縣以上須善看通同、知縣所升也。出名。布經理問、六品也。與佐雜同不出名。河縣丞等八品也。出名。要分清。

此布庫大使本頗費擬議、此抄舊式及陳琴山兄式、俱出名。他本多不詳載。成甫先生只言盐大使河縣丞以得引見出名、未及其他。問伯雨同年、言盐大使出名、不特慎重錢糧、亦以其中有

試用州縣、盐大使、布庫大使、請實授、題署知縣另請實授票依議。按此言題署不出名請實授則出名、莫誤看。增。一等舉人借補盐大使仝、

試用令○○○准補○○令、

○○省○○令○○○試署期滿准實授、題署期滿另請實授用此式寫本面、総須出缺、

○○令准升補○州牧、

江西署廣信府河口鎮同知石讚韶、期滿准實授、

河工佐雜請實授、管河州同、州判、縣丞、主簿、巡檢、閘官、吏部有夾片者出名。增

廣東粵盈庫大使夏文滙、試署期滿准實授、片 九年九月二十三日吏部專本夾

提牢期滿請補主事、十二年五月二十八日。前行已有此式、

京官、司員、補、缺、不出名此本照華前輩吳紅生世叔式出名。後問易前輩云舊式有此專條、近俱不出名

吏部單簽

舉班借補之故也。予以
吏部專本夾片出名票
擬。周前輩云。知縣題署。
亦夾片、則夾片亦難為
憑。廿六日見易蓮舫前輩、
問知塩大使。河縣丞布庫
大使。批驗所大使。四項俱
引見。俱出名。庫大使亦有
舉人借補者。乃慎重錢糧
之意。議乃定。運庫大使
河工巡檢主簿閘官所以
出名之由。再詳。九年九月
二十六日記

部吏云將來准調補後
再題其請實授之處則
稱毋庸議。按此未分明

依議調補。。。依議用

本内先將。。。調補所遺之缺以。。。升補用此式

依議用准其與。。。調補

本内先請。。。陞補又云所陞之缺宜迴避升後即請與。。。調補用此式

此式乃易前輩自定無舊式也以本内於應迴避者多先調後補此獨先補後調
無成式也。十二年十一月初三日易前輩囑記

曹謹依議調補餘依議　十二年五月十八日

直隸署威縣令。。方請實授未奉旨該督題請調署豐潤原題只
云調署部本直准其調補傳問據云揭帖已經到部雖未奉旨已
與調補例符留片。易前輩云靠本則可。牛四兄霞

吏部單簽

題補。題補内有升銜未引見者。坐補調補出名

皆开堂

依議補授　道員以上寫授字知府以下寫用字

各官題補

依議擬坐補　○增○富義准其坐補中書○乾隆九年六月十五日○舊式

坐補守巡各道

等依議調補　○二人對調

依議調補　○一人調補

各官調補　○部准提調各道員及佐雜同○增

廣東徐聞令准調補電白令

俱依議調補　○兩人對調式○增○此變出名易前輩云此非二人對調當是有空缺各調各缺也○十年四月三十日

主事調補、應不出名、
○十五年閏月十五日

按此本亦可票○依
議用、餘依議

增○升調及試俸年滿者俱出名○盐大使河工佐雜補實俱出名、
吏部專本具題有夾片者俱出名○河工佐雜○河縣丞○巡檢主簿閘官○佐雜官凡有夾片
者同○彙題不出名○按此以彙題單題分別○八年八月烏爾卿額係戶部檔房主事調吏部
主事請坐補相當之刑部主事係專本單題亦不出名
部准題調各官道員及佐雜同凡本內有夾片者俱出名○彙題咨升調補人員不出名
票依議

依議○○依議用

理事同知富森泰不能勝任、可否請以京員改用之處、候引○見

定遺缺以委用同知克興額補授、

一題署一補授、題署在前者、用（亦可）此式、○增

○依擬用掣得順天府保定縣知縣之○○著調補廣西賀縣知縣所遺

保定縣知縣員缺著掣得賀縣知縣之○○補授餘依議

吏部單簽

對調互調　調署因調補　出名

掣得浙江新昌縣知縣胡宗海著以原品休致部議改教所遺新昌縣知縣員缺著擬倫（舊式寫補字此次照旨意片改備字）知縣朱元亨補授○十三年八月十五日

同日奉旨故兩月夾片全録部本分題故指定月分票出十三年三月十一日一本又不同此式有片夾内所以要詳看本不可專照片

○月分月選官對調　照○○旨意片寫簽○此不能全照旨片可寫旨意片一單一　与本章並啟

九年十二月初九日

○○等依擬用掣得廣東○○縣知縣之○○著調補福建○○縣知縣所遺○○縣知縣員缺著掣得江西○○縣知縣之○○調補所遺○○縣員缺著掣得福建○○縣知縣之○○補授餘依議　隔一員補一挨補二

三人互調　照○○旨意片寫簽

增○月選州縣官有對調者紅本内夾片恭録○○旨意票簽照寫惟十二月及正月分月官俱於二月初引見同日奉旨紅本則按月分各題不必同日進○呈如十二月分無對調者正月分有對調者共十二月分紅本内雖夾片全録○○旨意亦祇票○○等依擬用其對調者不票出俟正月分紅本照票餘可類推○嘉慶二十五年二月十四日進十二月分月選官貫大夏等一本内將正月分對調清流桐鄉二縣録片只票貫大夏等依擬用○又三月初十日題二月分大選紅本内有四人對調内有一人係告近者吏部本内已經扣除而恭録旨意片仍將四人對調全録票簽只出三人扣者不票

字六行小字第二行

旨意可節不可改

〇〇等先一日引見各員依擬用掣得廣東博羅縣知縣之鄒嵩南著以原品休致所遺員缺舊式出縣名著豫備知縣熊炳離補授餘依議

十五年十二月十五日　月選官本二十八員、內知縣鄒嵩南休致、次日將豫備引見之熊炳離補授、

道光十三年二月二十一日一本親老告近之直隸進士陳怡、掣得山西廣靈縣知縣、引見奉旨調補四川射洪縣缺、吏部將該員於本內聲明扣除另選、共知縣二十七人、本後只開二十六人、夾片內、旨意片、仍將調補旨意錄呈、若照尋常告近之員扣除不出名、則調補遺缺之員、無從出名、又云、再題之本、以此本為根、是以須出名、又射洪缺、與日後條該員補、亦以此為根、是以仍照旨意片出陳名、其另選一條歸餘依議、祝前輩記

本日下直查出嘉慶二十五年舊式與此不同、作信與祝前輩相商、適值祝前輩赴園、園丈長二相酌定、仍照旨意片、票為是、以不票陳怡、單票劉墨莊、原掣洪對調廣靈者、則須改旨意、掣得射洪某著調補廣靈云云、二十五年之本告近者、乃調遺缺之第二員、可以除去不票、上二句仍照旨錄寫、與此不同也。十三年三月十七日記

吏部單簽

費元燮依議調署陳霦依議調補餘依議

○○場塩大使陳霦准調補○○場大使

陳霦調補費之缺故費調署亦出名○本内又有蔣○○一員請署照舊式不出名、帰餘依議○本内費在前陳次之蔣又次之

何椿依議調補徐慶元傅文元俱依議調署餘依議

○○何椿請調補○○議覆、

傅文元迴避之缺以徐調署、徐之缺以何椿調補、何之缺以傅調署○片上徐第一次何次傅以何椿係調補票在前

八年十月十八日升署固原守備石生玉因迴避本省請與紅德城守備馬鶴齡對調石係調署馬係調補、梁前輩云可從舊式署不出名以帰畫一

張來揚依議調補餘依議○對調之員係調署不出名歸餘依議○道光三年九月二十日○成甫先生記○增○從此條可與梁前輩合歸畫一也○十二年十月兵部都司姜得智對調一本從此式載兵條

○令迴避揀員對調○增

臬司以上議處不票準。簽。接單簽、單簽說帖。接、亦有準請者。載準簽條、從寬免其。。、

盛泰本內、稱於藩司任內辦虧空案遲延罰俸三月、又臬司任內應降一級留任云云、

十二年五月二十四日票一本、盛泰著銷去加一級抵降一級、仍著於補官日罰俸三個月、易前擬云應票免其降級、

九年五月初七日、錢糧處分本、富呢揚阿罰俸六個月、劉彬士罰俸三個月、程含章劉現任内俸一年予票程在前、富次之、劉又次之、易前擬云宜照本內次序、彼以年分、前後也、然則惟責罰與半罰及

韓文綺著罰俸一年餘依議

造冊不分晰之江西巡撫韓文綺等議處、布政使繼昌降三級未補官、不出名。八年　月

汪志伊張師誠俱著罰俸九個月餘依議

請升補○○之○○、叅罰在十、五、案以外、部駁本。

伯麟著罰俸一年琅玕著罰俸六個月惠齡著於現任内罰俸一年陳大文珠隆阿俱著於現任内罰俸九個月二人合朱紹曾著銷去紀録一次仍罰俸九個月銷燕罰、百齡著銷去紀録二次免其罰俸銷抵罰、餘依議數人或分或合

○各負議處、

銷抵免罰，俱分前後，又合併者，亦可不拘本內次第。若實罰與現罰，可不必區前後，改移本內次序。

吏部單簽

大員降罰銷抵留

遵多照本內次第，不全照此，惟免罰者當移於後

實罰在前，現罰次之，半罰又次之，免罰在後。現任字照本。增。道光三年磨勘試卷本

簽內銷抵處，有銷去寬免罰俸六個月句，寬免罰俸四字照本

○○著罰俸一年。○○著罰俸九個月。○○著銷去紀錄一次，仍罰俸三個月。○○著銷去紀錄一次，免其罰俸，餘依議　數人各分

惠顯著降一級留任，潘恭辰著罰俸三個月　二人各分。降留寫在前

8著罰俸一年，再著罰俸一年　一案兩處，不可併。一人一案分

8著於現任內罰俸一年，再罰俸一年　仝上。一人一案分

8著於新現陞調任內罰俸。個月，又於新現陞調任內罰俸。個月，餘依議　又再字分清。一人一案分

聽研堂

〇共二案其一案著於現任内罰俸一年又一案著銷去尋常紀録一次
免其罰俸餘依議（一人二案。分。兩案兩處。不可併。兩案合則併。）
楊護共三案其一案著於現任内罰俸六個月又二案著每案於現任内
罰俸一年餘依議（一人三案。一分二合）
〇共三案著每案於補官日罰俸一年（一人三案合）
〇著罰俸九個月〇〇共二案著每案罰俸〇個月（二人分。後一人案合）

陳文緯著銷去紀録一次張誠基著銷去紀録二次俱免其罰俸

護改䕶　三行

尹、楊、嵩罰俸、再罰、一次係公罪聲明准抵再罰係失入聲明不准抵銷其准抵者本内未聲敘級紀如何抵銷故不票出埽餘依議

翁方綱降級留任之案准其開復三人兩分、二人先分後合。

○○○○○○各二案著每案各罰俸一年數人二案合。全合方可併。數人横同可合、一人直異必分、一人直同可合、一案直同仍分

○○○著罰俸○個月再罰俸○個月又再罰俸○個月○彙題盜案不能以案計兩處分又不能歸併者。增○人不計案分、處分

衍慶著於現任内罰俸六個月程喬采著於現任内罰俸三個月烏爾恭額

共二案本内分、為二件著每案於補官日本内聲明引見開缺罰俸一個月尹濟源著罰俸六個

再罰俸六個月本内二案合為一案實一案兩誤也楊健嵩孚俱著罰俸三個月再各罰俸

三個月餘依議

彙題議處議敘各案。吏○九年十二月十五日

吏部單簽

大員降罰銷抵留

依議在前式
與下一案並看

實罰現罰半罰相次之式、今多不用照本次序票、票惟免罰者尚有自前移後之式、此亦在酌之耳、

葉紹本著於補官日罰俸一年佟景文共三案著於現任內罰俸一年潘恭辰共三案其二案著每案於現任內各降一級留任其一案著於現任內罰俸一年慶霖著於現任內罰俸一年餘依議　十二年七月初一日

依議吳榮光著銷去紀錄一次仍罰俸三個月盧坤著銷去紀錄一次免其罰俸

湖南○○○縣丞雙壽、請升補衡陽令之處、毋庸議、等因、十二年十二月十四日

○巡撫吳違例保題、總督盧合銜、吳罰俸九月、盧罰俸六月、

此將本内先敘之正文帰餘字與牛四兄所云不同

俞前輩原將吳盧罰俸票在前駁缺帰餘依議牛四兄云正文帰餘可以辦不得為不錯但票依議在前則下須云其違例保題之吳榮光云云予以其説是改依議在前而不用違例保題等字。十六日問祝前輩據云不如將駁缺帰餘字為妥依議在前之式久奉堂諭不用惟刑部本如有應用依議又有大員罰俸出名或用之予以為刑部既用吏部亦宜用也。後又問易祝前輩皆云此曾奉旨不准依議在前惟刑部用此式可耳。十三年三月十七日又記

鄂山著銷去軍功紀録一次給還尋常紀録一次（本内將給還句敘於仍罰俸句後茲倒換）

仍罰俸三個月蘇廷玉著罰俸六個月餘駁缺依議

違例題調之四川總督鄂山等查議　十五年六月二十一日易前輩定

吏部單簽　大員降罰銷抵留

實甫改寶甫　四行

玉○○罰俸一年○七個月

於應行援免人犯、漏未聲敘之四川布政使楊揆、降抵、此條只錄本面
納爾經額共十五案其十三案著每案於現任內罰俸一年又二
案著每案於現任內罰俸六個月一人分合黃鳴傑陳廷桂俱著於現
任內罰俸六個月二人合費丙章著銷去紀錄一次錢實甫著銷去
紀錄二次景謙著銷去尋常紀錄二次俱免其罰俸三人分合餘依
議

玉麟著銷去軍功紀錄二次仍給還尋常紀錄一次王宗誠著銷
去尋常紀錄二次其從前罰俸一個月之處仍註於紀錄抵銷玉○玉○

本内聲明潘龔罰俸六年之處准開復潘給還紀錄二次龔還紀録十二次。

同罰俸一年六月。王有從前罰俸一個月處分尋常紀二次抵不盡。奕經武忠額著各銷去尋常紀録一次

二人皆罰俸六個月處分。李宗昉賈允升著各銷去尋常紀録三次二人罰俸六個月。又罰俸一年。

俱免其罰俸潘世恩龔守正罰俸銷去紀録之案俱准其開

復給還餘郎中員外主事等。依議

吏部題兵部於辦理戊子科武鄉試磨勘漏查新定章程

各官議處。兵部檢舉吏部題本。九年十二月初八日

○○著罰都統俸○個月○○著罰副都統俸○個月

○○著於現任内罰巡撫俸○個月

大員署督撫於所署任内罰俸。照本。增。雍正四年二月将軍何天培署巡撫罰俸用此。

大員降調未補出名。
按此須酌。八年。月布政使繼昌降三級未補、使不出名

尚書兼都統侍郎兼副都統、各於都任內罰俸、照本

著銷去加職一級免其降調。增

著於補官日罰俸。個月

降調未補之布政使。。議處。仍出名。增

著銷去紀録一次其罰俸三個月仍註於紀録抵銷句、所罰、不須銷紀則用此

罰俸。個月之處著於紀録抵銷

紀録一次抵俸六月、如止罰俸三月、不能遽銷其紀録一次只好註冊俟再有罰俸牽連抵算。增。按道員以下處分無級可降、另案已革、皆係公過又須降級者亦用註冊字載簡說條

紀錄院錄字五行

皇子寫皇○子、增

如本員無紀可抵、則票
仍罰俸○個月、

○○○罰都統俸○個月之處著註於紀錄抵銷

汪守和罰俸一個月之處著註於紀錄抵銷○九年十二月十五日○

誤遞膳牌之戶部筆帖式清瑞等議處、

○○○罰某官俸之處著註於親王紀錄抵銷罰某官俸○個月之處著註於貝子勒

紀抵銷○郡王公侯同○以上句應旁注、

○○○著銷去軍功尋常紀錄一次其從前罰俸三個月之處仍註於紀錄抵銷

○○○○之○○○○議處銷去軍功紀錄一次抵罰俸一年銷尋常紀錄一次抵

罰俸六個月

雖此案之罰俸已抵、而從前議罰之俸、猶有數月、但不及六月之數、而本員又有餘紀可抵、應待後如有罰抵之案、牽連抵銷、○罰俸三月、係從前則票從前如連前併算則票

吏部單簽　大員降罰銷抵留

連前如係本案則不用連字從前票銷去紀録一次其罰俸○個月仍註於紀録抵銷

和親王奕紹○親王○○俱著銷去尚書加一級免其降級

○○著將加一級抵降一級餘依議

此本係降二級留任處分因有○○恩詔一級抵降一級仍降一級留任歸入餘依議降留字不票出○二十五年十月○增

○○○著於現任内罰俸○個月其二限三限著限於現任内再罰俸○個月

所以不票出之由未詳

兩廣總督催商欠不力議處

初限於現任内罰俸二三限同照本票每限字樣○增

○○○俟事竣回京之日補行罰俸

此亦一案分處不可歸併之例

大臣出差議處不票出罰俸○個月○增

大中堂老爺

大學士革職未用說帖

著俟事竣之日補行罰俸○個月　○楊咸甫先生云上一條云出差罰俸不票出月數與此條不合兩存○增

孚連前共罰俸四個月　前二月○今二月○照本　之處著註於紀錄抵銷穆彰阿

著銷去尋常紀錄一次免其罰俸

漏查前奏　達賴喇嘛差員○○奏令起程去年九月奏過今未查出○本皮渾說　之軍機大臣文孚等罰俸

抵銷　十一年六月初九日

○○自補大學士以來無叅賛之能多卑瑣之節綸扉重地實不稱職著

照部議革職○○著革職從寬留任○○○○俱著降二級留任○○○著銷去加二

級免其降級

大學士○○等議處　乾隆十三年十二月初九日　中堂一本○增

吏部單簽

大員降留○註冊○再請旨

免革任註冊。改簽

御門改簽

○○著從寬免其革任仍註冊○○著降三級從寬留任　○增　乾隆四十年八月初五日　中堂本

○○○著帶所降之級仍留軍營辦事俟大功告成回京該部奏聞請旨

○○○革職之處俟差竣之日再行請旨

○○○所有應得處分均著俟大功告成該部再行請旨餘依議

○○著降○級從寬留任其頂帶照所降之級戴用餘依議　乾隆三十九年九月十九日○增

大員降留、○增

劉峩著降一級　不票調用、留任字樣、照本票○按此係留任若降調則須單說○　或係降抵

錢糧議處　三十五年四月初八日○增

達爾吉善著降去頂帶五級仍留該處辦事餘依議　前按察使任内處分、嗣革職、賞三品

舊式無先出○個月之處句、顔ミ云、宜去此句、此照本

項帶仍票出名簽、

三品頂帶和閬辦事大臣○○○議處、四十七年十月○增

○○○著革職○降級革任○罰俸、之處仍著照例註冊○增

岳良罰俸六個月之處著註冊俟回京之日補行罰俸十五年九月十四日本內尚有徐鏞、龔綬、鄂順安、尹濟源四員、

吏部單簽

備簽、

改簽、

是依議

追封○○○皇太后三代 雍正元年二月檔。增

○○○著封為世襲○等侯

大學士富○○晉封侯爵、雍正四年。增

○○追封為一等公加贈太師仍著予謚餘依議

雍正元年二月檔、還與他謚乾隆十三年、禮部為內大臣欽拜請謚一本傅中堂酌定還與他謚詞句未馴改為仍著予謚有○奏片

○○追封為一等公伊妻封為公妻一品夫人○○著承襲一等公餘依議

加封○○皇后父母 曾祖、祖、父母、仝 世襲 增 乾隆十三年五月二十八日檔○舊係公妻字樣今改

經畧大學士○○○公忠體國懋著勤勞殫力宣猷精詳妥協著晉封太保

吏部單簽

大臣追封加贈加級給紀給廕

仍加軍功三級

○○著加太子太少傅師保

○○○各加祭一次○○○加贈太子太傅○○○加贈太子太保餘依議　雍正元年二月阿蘭泰等一本、

大學士著給與一品廕生　康熙六十一年十二月檔

○○○著給與尚書紀録○○○著給與侍郎紀録　五十四年五月十三日

○○○著贈為一等伯其子孫給與一等子爵世襲罔替仍與謚餘依議

二十一年十二月十七日

○○著於現任內加○級隨帶　著隨帶○級○又式○乾隆四十年四月初一日吉善一本○二月初四日國棟一本、有餘依議、

○○○著加陞二級餘依議

不出名簽、

加級註冊、

院長議敘、

王公等著各給與尚書紀録。次大臣等著各加。級餘依議

道光二年五月二十八日進。御書處救火議敘王公大臣本〻内聲叙遵奉嘉慶二十年。諭旨、王公等各給與紀録四次、大臣等各加一級、故、照本票、不出名。本内約七八十人

大臣晋封、加贈、加級、給紀、給廕、。增

。著加一紀隨帶。。。著紀録三次。。。著將加一級隨帶抵前降一級仍再加一級隨帶餘依議

乾隆三十九年六月二十日李世傑等議敘一本、著將加一級字、前不票將字、現仍票將字。

。俱著將加一級抵前降一級。。。俱仍著加一級。。仍著加一級註冊餘依議

大員將加級抵前降級、仍再加級、。增

羅典著紀録二次餘依議

湖南嶽麓書院院長原任鴻臚寺少卿。。六年期滿、議敘、五十九年二月十三日。增

此亦可云給、還、尋常、一級、然係改給、矣故不必、

二著字酌、

○○著於補官日加○級

未補官加級、○增

○○著軍功加一級抵前降二級○○著軍功加一級抵前降一級仍給還軍功紀録二次

加級抵降、給還紀録、○增○此不、票、將字、

軍功一級可、抵、尋常二級軍功紀録二次可、抵尋常一、級故以軍功一級抵降一級外、尚餘軍功紀、録二次也若尋常一級可抵紀録四次○增

○○著加○級○○著紀録○次

如有二次議敘則添再紀録、○次○四十九年五月○增

○○著加二紀著將加一級抵前降一級仍加一級

○○○著銷去軍功紀録一次免其罰俸仍給還尋常紀録一次

此不得不改是以改給

一行尋常一紀紀下添録字

加二紀二改級八行上

軍功紀録一次、抵罰俸六個月外、尚抵作尋常一紀、故仍給還。增

文孚王鼎穆彰阿禧恩敬徵寶興俱著加二級、曹振鏞著加二級、將加一級抵前降一級、仍加一級

隨扈大臣文孚等加級、十年二月初九日。上諭有降留處分者准以所加級抵銷。

恭謁盛京陵寢大禮慶成

於剿辦教匪、承。旨書。諭、周到勤勉之軍機大臣。等、遵。旨議敘。

直隷實心辦賑各員、遵。旨分別議敘。

吏部單簽

大員議敘開復出名

捐備賞需銀兩之湖北廵撫全保等遵○旨分別議敘○

○著加四級抵前降四級餘依議

裁革成活奉○旨議敘本內有仍降二級留任因係遵○旨議敘不粟降級降留字致與議處本向其降留歸餘依議○三十五年十二月初十日工部本○增

托津文孚黃鉞英和汪廷琛嚴烺俱著加一級長齡青振鏞蔣攸銛俱

著將加一級抵前降一級那彥成仍著加一級餘依議

京察議敘准加級等因○道光五年三月初二日吏部題○增

黃鉞著加一級潘錫恩著紀録二次餘依議黃子告仍應出名○十三年三月二十六日

安徽捐資助賑之紳士議敘

那彥成屠之申戴宗沅何淩漢罰俸之案俱准其查銷

所謂重輕詳畧也

近大員查銷本不出名○十年三月記

不出案由

総出案由

開、復、帶、處分用大員各官同簽式、出

内有給還紀録等字樣、俱不票出、歸餘依議、若罰、抵、又有給還、則票出。又開復本内有給還加級字樣、歸、餘依議。後一條增。十二年五月初七日易。。云大員罰俸查、銷、近不票出、

○○○○俱准其開復。增

○○○○罰俸降級等案俱准其開復。增

常德降級留任之案准其開復

如有數人降級降俸不同之處、只票俱准其開復、不出事由。大員降俸停升處分、不出名。降俸停升開復、却出名

。新式。降俸降職出名。降級亦有出名者。記户部案、

○○准其開復其不將罰月日扣除遽請開復之處著銷去紀録一次仍罰俸

吏部單簽

事由

查復同簽

引恩詔無可否字故
不便請单併發句後
添原擬不用以簽內己
全出名也
欽天監正副俱堂官應
出名。毓。云

六個月

大員開復本帶處分　增

曹師曾降留各案俱准查銷開復

太常寺少卿曹○○降級留任之案准開復等因　本內二案有准查銷有准開復。八年八月初一日。增

牛鑑著加三級再加七級餘依議

雲南銅厰議敘　十五年五月初九日

琦善奎照忠林周餘慶長升何樹本伊星阿陳啟豐那丹珠倭什布革職留任之案俱准其開復單併發

去年二月二十九日吏部題查核一本內稱欽奉十五年恩詔內外官因公罣誤革職留任者查明奏請開復現據咨送到部之直督○○等查係例無展參之案並非因私

獲咎、與恩詔條款相符、繕寫清單、共十人全開列進呈候定。與鯨山商議如照大員出名、餘歸餘依議則本內原未出議且此本亦無舊式。酌票全出名簽、如右。他本降留處分開復、不夾單。旋以俟定二字、改用雙簽。舊式恩詔大員開復、有雙請式載雙簽條。李○云、夾片開、案由應用雙簽。本內係奏請非出議不用大員出名式有、理兩視○云、如有數十人亦全出手、無○云、此亦有理。前有相符字無准其字後無可否字有候定字是以須酌。初二日下准開復簽。

吏部單簽

殿閣摺、滿票簽備寫清書直房寫漢字本面寫雙簽單、四字。

吏部

雙簽

著開列具奏

著候旨行

請補大學士缺、○增

○○著為○○殿大學士

○○著為○○閣大學士

大學士殿閣銜、

保和殿、○文華殿○武英殿○文淵閣、○東閣、○體仁閣、

以上並排書六行、面上書殿閣摺三字、兼清書夾片進○。嗣乾隆十三年十二月奉○旨不必開載中和殿、增體仁閣。○乾隆十五年○中堂諭殿閣下、注現係臣○○充。○增

吏部雙簽

○○著為○等侯承襲三世其族内人丁准入○○旗

○○著為○等侯世襲其族内人丁准入○○旗

封侯兩請　○增

依議准其再襲一次

依議止准承襲一次

承襲次數侯定

依議冊留覽奇臣蔣良騏俱著在盛京帶引領見

依議冊留覽奇臣蔣良騏俱不必帶領引見

盛京考察官員其府尹○○府丞○○應否引○見請○○旨

單簽改雙

新例三品引見奇係府尹三品蔣係府丞京堂京察之年恭逢詣陵本内聲敘在盛京引見雙請照票。乾隆四十八年五月二十三日。增

帥承瀛轉補左春坊左中允補授右春坊右中允

帥承瀛不准轉補

帥承瀛轉補左春坊左中允俟定

。增。帥升右中允時，左中允同日出缺，部本有恭俟字。嘉慶十一年三月二十三日發第一簽

准其改歸原籍

不准改歸原籍

改籍雙請。增

朱百行准其回籍餘依議

朱百行不准回籍。增

吏部雙簽

回籍變請、

依議

○○○著在任調理

科道告病　雍正二年十二月奉○○旨嗣後科道官員有患病具呈乞休者、該部另行繕本具題内閣繕寫留任一簽休致一簽兩票進呈○增

○○○准其回旗籍調理

○○○仍留該省調理

道府以下等官告病、　道府以下官告病、請解任回籍調理、定例變請、杜、規避也○按本内議准回籍在前兩請回籍在後舊式依議裝頭今宜改加餘依議○增

海成著革職仍留該處自備資斧効力

海成著革職不必留於該處効力

奉天府丞、不、列、盛、
京、察吏等第、

越職妄言之哈爾沙辦事工部侍郎海成議處。○增

貴慶徐如澍俱著來京引見餘依議冊留覽

貴慶徐如澍俱不必來京引見餘依議冊留覽

依議冊留覽○○著來京引見

依議冊留覽○○著不必来京引見

盛京考察官員等第、其府丞○○應否引○○見請○○旨、

府丞係四品京堂、不列等第、故兩請。○盛京京察有冊、又有人數夾单、只票冊留覽不票單併發。○增

○○等准其來京引見餘依議

道光七年閏五月各省臬異本下不准引○○見簽　注增

道光四年四月二十九日直隸大計荐舉本下准其引○○見簽　注增

○○等不准来京引見餘依議

吏部雙簽

單簽改雙

大員自行檢舉處分亦雙簽。十年七月初七日

各省大計卓異人員部議請○旨　雙簽

本内有正項錢粮未完惟係煎三煎四要缺、歷俸已滿三年。又有○等正項錢粮未完又非煎三煎四要缺惟歷俸已滿五年、應否引○見双請

何國宗轉補工部左侍郎○○補授工部右侍郎

○○補授工部左侍郎

工部左侍郎員缺請○簡　雙簽

右侍郎例轉左因何國宗有革職留任之案吏部聲請或以何國宗轉補或另行補放恭候○欽定故票双簽。乾隆十三年六月初一日。增

鄂山著罰俸一年徐炘著銷去紀録四次免其降級夏修恕等俱准其来京引○見餘依議

鄂山著罰俸一年徐炘著銷去紀録四次免其降級夏修恕等俱不

亦入雙說

准来京引。見餘依議

大計將未經俸滿人入薦，督撫議處，票在前。道光四年四月二十九日直隸等省大計，明山程國仁議處仝此。貴州亦仝此。戍甫記。

後注增

著交與該管大臣酌量録用

不必交與該管大臣録用

録用雙請，增

烏爾恭額彭䝉俱著來京引見餘依議 本後稱有多保一員缺額未保下次仍照例云云 毋留覽 共黄冊一函

各一二三等

烏爾恭額彭俊俱不必來京引見餘依議毋留覽 十一年五月二十六日易定

陳益准其保題餘依議

陳益不准保題餘依議

倴滿教諭保題逾限可否仍准保題兩請○增

御門改簽明興著從
寬免其革任仍留該處
辦事餘依議
變請改降革亦必大
員始出名

明興著革任仍留該處辦事餘依議

明興著革任不必留於該處辦事餘依議

○○○○之○○明興議處 ○增

本内二等侍衛福崧同議不出名歸餘依議○五十三年九月十二日

○○准其發往○○委用餘依議

○○○不准發往○○委用餘依議

李永彰等准其改發

李永彰等不准改發

可否發往/改發○○委用請旨、增

奎照著罰俸一年 原叙在中、以無級紀、抵銷、特先出之 王宗誠著銷去尋常紀録一次軍功

王玉二員以合票致誤以玉。銷去軍功一次更無紀録可註抵也不得因罰俸四月不敷紀抵則漫云註抵也

雙簽須仝寫一幅中用丨分之。此省抄也舊式嚴在前祝。。云宜寬免一枝在前

部中敘法殊冗

紀録一次仍給還尋常紀録一次其王麟著銷去軍功紀録一次抵銷從前各玉罰俸之處不出罰俸月數如新舊比較則須出清俱著仍註於紀録抵銷本内於王宗誠敘明從前罰俸一月仍註抵於王麟則云仍罰俸四個月未云註抵是以未合票祝。。云雖未敘出其為註抵則一可以將二人合之朱士彦李宗昉奕經本内三人合敘銷紀録二次寶興本内敘銷紀録二次與朱李奕皆無尋常字故原票此四人合武忠額鍾昌著各銷去尋常紀録二次武鍾二員

王宗誠張鱗那丹珠湯金釗議以祝。添罰俸六個月之處著加恩寬免不准寬免餘依議前係舊案無可更正此係新案檢舉更正處分變請本内敘銷紀録有尋常二字是以原票不與上四人合祝。。云不云軍功錢粮即常紀也應合説俱免其罰俸又

誤擬陞選之兵部司員周彦等分別議處十一年十二月十六日

陜西。司顔伯燾等錯擬罪名自行檢舉可否免議請。。旨

本内承審各員減等議處○道光七年閏五月二十六日○增

明山戴敦元戴宗沅俱著罰俸六個月貴慶著於現任内罰俸六個月餘依議

貴慶調任泰寧鎮総兵、本内另敘、又出現任字照票、

貴慶著於現任内罰俸六個月明山戴敦元戴宗沅既經自行查出檢舉俱著從寬免其罰俸餘依議

嘉慶○年諭辦事錯誤、及檢舉時已離任者、照例議罰、貴慶於檢舉時已離任、本内稱遵奉諭旨議罰、復注明、無紀録抵銷故二簽並罰

慶○董○劉○戴○○俱著罰俸三個月餘依議

慶○董○劉○戴○○既經自行查出檢舉俱著從寬免其罰俸餘依議

吏部雙簽

單說中有此條、係奉○○旨鼓勵之員、是以不仝

似雙說式、

檢舉雙請、本內有級紀字樣、因係雙請未經欽明抵銷、是以紙票罰俸　六年

九月初十日又進董中堂一本

開復句下有添来京引見句式照本、

○○○俱准其開復

○○○○俱不准其開復　十六年二月二十九日吏部題直督奇善等　恩詔開復一本用夾单

共十人、八人係大員與牛○○爾、全出名、詳大員開復单簽改浚簽條下、

恭逢○○恩詔內有大臣開復、可否請○○旨、　增○祝○○式無可否字

○○著即處斬其拏獲隣境盜首之彭人傑俟服闋之日赴部帶領引見

餘依議

○○○著即處斬其拏獲鄰境盜首之彭人傑不必引見餘依議

拏獲鄰境盜首○○之○○○可否引○○見請○○旨、○增

不必說帖、不必考語○乾隆五十三年十一月十九日

○○等著從寬免其罰俸　成甫○○添著字，可不用，照小紅格本。

○○等罰俸之處不准寬免

○○省○○○○等繳照違限不及四月，可否免其罰俸，請○○旨。用免議字，吏簡。

吏部題參，領照在部也。又有回省遲延，亦吏部參。

○○等從寬免其降級

○○等降級之處如本有降級有罰俸，則變票出不准寬免

○○省○○○○等赴任違限三月以上降一級留任，可否寬免，請○○旨。違限與○○

等可倒轉。

繳憑違限科吏兵摘參，領憑在科也。入都察院條下新例違限不及四月，一體聲明。○道光四年六月二十五日記　自新例句下，成甫○○記○，增

吏部雙簽

易○○云不准字似未合用之微員或可若大員應出官銜以後擬之式為是○牛○○云如改則第一簽亦可改著實授○布政使

桂良准其實授

桂良不准實授

署理江西布政使桂良應否實授請○○旨 十四年六月十三日

按本内桂良前百日孝滿奉○○旨署江蘇布政使調江西布政使今三年服滿該旗報部應否准其實授之處具題請○○旨查視○○式有吉恒應否實授按察使一條照票○○○○竊意不准實授一簽語意似有未合不如改作桂良著實授江西布政使桂良仍著署理江西布政使為妥以係改舊式未用

蕭文言准其留於滇省遇缺出酌量題補餘依議

蕭文言不准留於滇省餘依議

留省出事由督修工程等同

捐復知州○○可否留省辦銅請○○旨、四十四年八月二十一日○增

○○准其捐復留滇補用

○○不准捐復留滇補用

捐復留省補用、可否請○○旨、增○四十四年七月二十九日五十年二月二十三日

師彦公准其改撥河工福生額等准其留於該省辦理差務餘依議

師彦公不准改撥河工福生額等不准留於該省辦理差務餘依議

發往江南候補人員改撥河工候○○定、○增○四十四年七月二十六日

○○著留○○省以事簡之缺題補

○○著給咨送部引見以簡缺歸班選用

吏部雙簽

調簡之。令。牧。應否留省候補、或歸班銓選、候。定、

著留該省以相當之缺題補免其送部引見

依照前旨送部引見

接徵全完、離任官、題補、雙請、增

准留貴州補用

不准留貴州補用

原任黎平守捐復、其仍留貴州之處、請。旨、。增

著罰俸。個月

從寬免其罰俸

改為加一級服加字應添六行

前有單簽式

罰俸雙請、。備簽。雍正五年八月二十六日奉○○旨，鄂爾泰公忠體國，不忍以罣誤小過罰俸，嗣後此等因公罣誤議以罰俸事件，爾等兩擬票簽進呈，欽此。增

依議

○○降級、革職、罰俸、之處俟大軍凱旋之日奏聞請○○旨

軍營○○○○之○○○○議處、雍正元年十二月堂定凡官員現在軍前者用此式。增

禧恩松筠俱著加二級毛式郇等俱著加一級單併發

禧恩松筠俱著改為一級舒英裕恩白鎔韓鼎晋俱著加一級其餘各員著查照成案分別核減辦理餘依議單併發

恭送○○孝穆皇后梓宮及總辦事務之王大臣官員等議敘、道光七年十二月吏部題。增

本尾引嘉慶八年成案、總辦事務之王大臣、原議加二級、奉○○改為加一級、餘交軍機大臣核議、將禮工二部堂官、仍照吏部原議、給予加一級、其餘大臣官員、執事大者、紀錄三次、小

吏部雙簽

者分别紀録二次、一次奉旨所議紀録一次者、不過隨同執事、著不必級予議敘、是以聲明此次仍照八年之案原議辦理、其應否核減之處、伏候欽定、又隨入地宫司員原議加一級、聲明八年無此項人員、故不議減、是以第二簽加餘依議、成肅記、增按第一簽照原案原議第二簽照欽改議改及新增不議減之司員、員票、毛係宗丞、故原議列於前軍機議減、則除禮工二部堂官外、以其餘分别句括之、

准其補授餘依議

不准補授

候補人員可否補授請旨、

候補守可否補授南陽守、候定、

潘恂准其補授揚州府同知餘依議

潘恂不准補授揚州府同知

陞補候定、 。增。此生實陞補者、存以為式。乾隆十六年十月十一日

。。著送部引見再降諭旨

。。不必送部引見

陞署知縣、可否引見請。。旨、 增

。。准其陞署餘依議 餘依議句、照酌、隨准字後酌、

。。不准陞署

陞署候。。定、 調署、同、

台布准其以理藩院主事坐補餘依議

台布不准以理藩院主事坐補

跟隨塔爾巴哈台辦事大臣8之理藩院筆帖式台布、可否坐補主事、

候○○定、○增

○○准其調升補餘依議

○○不准調升補

○○○等准留該省督修堤工○增

○○○等不准留於該省

喬序相准其調補

喬序相不准調補羅達春依議調補餘依議

兩人一缺兩請在先議准在後

陳韶先依議調補○准其調補餘依議

陳韶先依議調補○不准調補

兩人各缺議准在先兩請在後

○依議用○准其調補餘依議

○依議用○不准調補

請補在先兩請調補在後

吳永綏等准其對調餘依議

吳永綏等不准對調

迴避對調請○旨

提督江蘇學政著○○○去

提督江蘇學政仍著○○○去

學政未赴任內陞。增。乾隆八年

提督順天學政著○○○去提督浙江學政著○○○去

○○○○俱著仍留學政之任

現任學政內陞員缺開列雙請。增

乾隆三十二年正月二十七日山東學政張若淮內升三品京堂。開缺另○名簡。擬提督山東學政著○○○去單簽進○呈奉○○○旨張若淮著仍留山東學政之任。嗣後凡遇學政陞任。毋論品級大小。將應否留任之處概行請旨。欽此。

九年三月十四日易文江票候補京堂請假本用旨簽但去開缺句子閲之曰自賓谷轉運乞假改簽後吏部多用旨請有可否字須用雙簽候補京堂告假単簽又成舊式矣

程邦憲准其給假照例開缺

舊式単簽票准其終養照例開缺又准給假開缺本内雖有可否字樣亦票単簽○四十七年九月二十七日國柱一本○增○舊式亦有京堂告假旨請○即此式

程邦憲不准給假

鴻臚寺少卿程邦憲告假回籍請○○旨、

京堂逓呈吏部請假○如候補京堂只票准其給假単簽○注增

○○○免其議處

○○○仍著議處

例得免議因係大員請○○旨、

本内無罰俸字樣○增

依前議

依後議

著畫一具奏

議奏不一、○增

三簽

此言降調二案、雖處分同、不可合、若罰俸兩案同處則可合、如云共二案、著每案於○○、惟

單簽說帖　吏部

瞻柱著銷去隨帶加一級仍於現任內降一級調用餘依議　大員簽不出事由而票處分、則詳。不用此案字、

○○○之直隸布政使瞻柱降調說帖。

查本內議以銷去隨帶加一級仍於現任內降一級調用、之直隸布政使瞻柱、係屬大員、例不票雙簽、理合聲明謹。奏

○○著降二級調用再降二級調用

一本二事式。增

○○著降○級調用。增

吏部單簽說帖　大員降革。失入降革○一本二事

一案兩處、兩案兩處、雖罰俸亦不可、合併須用又再等字、清出

本內有係失入級紀不准抵等句易○○云簽內不出事由但出大員字失入字、用於本面真確

○○○著於原任內降○級調用　○增

○○○著於補官日降○級用　○增

○○○著革職任　○增

博啟圖著降一級調用

失入秋審人犯、之吉林將軍公博啟圖降調、

本內聲敘秋審人犯該將軍原擬情實、刑部改入緩決、本面照寫、易○○改失入字、

查本內議以降一級調用之吉林將軍公博啟圖、係屬大員、是以臣等照例不票雙簽理合聲明、謹○奏、

九年二月二十七日

此案衛天民於應擬流罪人犯錯擬絞候係屬失入著照部議革職餘依議

單簽用此案二字裝頭先出名以便專出部議。雙簽後出名以便先出部議後從寬典。非大員簽內出事由而於票處分則簡如著降調云云留於帖內詳之

於承審命案問擬失入之前署〇〇令〇〇革職　說帖

查本內議以降三級調用有革職留任無級可降議以革職之貴州前署桐梓縣事青谿縣知縣衛天民係失入之案是以臣等照例不票雙簽理合聲明謹〇奏

吏部单簽說帖

出名摘案由、增
降調渾説亦有明出
降○、級者、楊○○云、吏部单
雙簽、尤須細核、案情、一
用单説、則其官革矣、本
内有不出公私、准抵、不准
抵等字者、須悉心推勘○
单請改雙、請改单者、如
間用之○尤須加意○

此案○○於人名可正出亦可倒出係屬私罪著照部議降調餘依議本中無此等句者不用、有者亦可不用、以説帖聲明也雙説無大員者、亦用此案字裝頭

○○○之○令降調、説帖

松○云不准抵銷句、應照本寫、易○○云簽内例無不准云云句、○十年六月初九日

查本内議以降四級調用之○○○、係屬私罪、是以臣等照例不票雙簽、理合聲明、謹○奏、

奉○旨嚴議者、照此説帖聲明、係奉○旨嚴議之件、○改私罪一句、本内聲明無庸查級議抵者、仝説帖聲明係無庸查級議抵之案、○改私罪句、

奉○○特旨議處人員、○乾隆十三年二月○增

○著罰俸○個月单説中有大員罰俸、照单簽式寫、不用此案字裝頭、其因押佃追租抑勒徇隱用雙簽式先出事由之却不先出部議、蔡元禧吴承寵俱著照部議降調後出名、单簽另式○以前大員處分式、文勢須如此

押佃追租抑勒徇隱、私罪之順天府通州牧、蔡元禧等議處應寫降調○説帖

吏部单簽説帖　私罪○嚴議○無庸查抵○特旨議處

摘敘案由要簡而詳、只在審軽重節本中字句、

本内签降調東路同知吳病痊生補、本内着於補官日降二級調用、簽内不必分出說帖詳票。大員罰俸、帖内不及、若降革、則須聲敘大員云云、

此案於牒報被竊、率以（添字）捏竊圖賠具稟（原畧）、又令其子（原冗）查夜滋事、減年捏報（原順說此）

到任履歷（倒說）、之黄額（名原出于前）著照部議降四級調用（原云降級用）、事由凡數層、原擬節寫、涉冗又用俱係私罪句、易。。云、芟練之。十年六月初九日

奉。。旨嚴議之湖北應城令黄額降調　事由多、遂不用於某事云云式、亦惟嚴議之件可耳。說帖仝、

此案於製辦車輛、意存朦混、估報不實、著照部議、於補官日降二

級用、　本内降二級調用、易。。云、未補之員、可去調字、又本内無庸查級紀議抵云云、不入餘依議、。十四年七月二十一日

於製辦車輛、意存朦混估報不實之前署吐魯番同知侯補知

縣福奎、議處、　說帖、如此詳、出本皮則畧此借記於本皮條下

雍正六年九月十六日奉○○旨嗣後因盗案降調革職、兩擬票簽、易結不結堂諭進雙簽、乾隆五十八年奉○○旨、票依議單簽、

亦可云照例票、或只云票照部議○簽、

此案四叅限滿、承緝不力之○○、著照部議降調、餘依議、二十四年新式

此案於承緝盗賊犯四叅限滿未獲之○○、著照部議降調餘依議

此案於承緝被刦各重案四叅限滿未獲之○○、著照部議降調餘依議

於四叅限滿承緝不力之○○○○令降調、說帖、

查本内、議以降一級調用之○○○縣知縣、係四叅限滿之案、是以臣等照例不票雙簽、理合聲明、謹奏、

此案於四叅限滿承緝不獲之金更生著照部議革職又一案著降一級調用

註冊

於四叅限滿、承緝未獲之江蘇睢寧令金更生降革等因、說帖、

吏部单簽說帖

四叅限滿　城内二叅限滿

查本内議以無級可降、應行革職、又降一級調用註冊、之江蘇雎寧縣知縣金更生、三層票出、俱係四叅限滿之案、是以臣等照例不票雙簽、理合聲明、謹。奏。七年十二月十七日

十六年二月顏。。復、接審竊案、逾違二叅期限、吏部夾片、照例革職、更無他語、以無審案逾二限革職式、仍用、雙、簽、

情節句本内所無用
之代私罪字樣

夾片有無最要緊
京職降革不夾片
用依議

此案濟郎阿於承審命案○○○著照部議革職餘依議

於承審命案刪減屍傷之前任奉天昌圖廳通判今陞東陵工部員
外郎濟郎阿議處

查本内議以革職之○○○係承審命案不實匿傷朦混之案（祝ミ照吉改用此句）情節較
重是以臣等不票雙簽○○

十五年七月二十五日題ミ以本内前有將濟郎阿革職奉旨依議語疑濟郎阿已經奏請革
職不應再出名旋吏部以漏未夾片自行撤去二十六日又進查前依議旨意乃刑部題本案
覆審各犯罪名後又稱該府尹奏請將濟郎阿革職以飭官常而肅吏治恭候命下移咨吏
部照吏辦理云ミ吏部稱令抄單移咨前來是前奉依議之旨乃依刑部之議非濟郎阿
已革職也此又與前記兵部本鄒德已經奏請革職毋庸議不出名其世職應否存留用雙
請不同却與易○○所言兵部准○○以文職兼世職其應否支食全俸之處恭候命下移咨戶
部照例辦理一樣易混過也

吏部单簽説帖　情節較重　移京職後議處

此石○○定、舊式原簽云、此案前署廣東按察使鹽運使包㥿云々、今簽內不出官、與帖內互見、

本內出實屬溺職者亦用單簽十五年七月初十日代易○○值俟○○一本用单簽祝○○式云、係溺職之案子以之案字與溺職字不貫牛○○酌用此案俟○○○○實屬溺職云々

此案包㥿於所屬邪匪滋事失於查察大員私罪等、皆票出斷語、此只出事由、不斷著照部議降調餘依議遵○○旨、不票、雙簽。情節、較重。嘉慶五年十二月十四日傳○○旨嗣後遇有失察邪教議以降調之員、不准票、雙簽。增

失察邪教滋事之○○○令○○降調、說帖。

於相驗屍傷錯誤率填供詞、情節較重之○○署綏來令○○降調、說帖

此案周林於批審人命重案濫委審訊著照部議降調餘依議

違例濫委審訊命案之山東萊州守周林降調

查本內議以降三級用之山東萊州府知府周林、係於批交審辦人

臬具臬改卓八行小字

失察係公罪以事重單說。成甫云單說進雙說留心單說則定於降革矣

告病之員單簽出於前與雙簽再查云云不同

命重案違例濫委審訊是以臣等不票雙簽理合聲明謹。奏。增

查本内議以現任内降一級調用之江蘇前署海門廳同知淮安府通判督徠係失察民人習西洋教之案是以臣等不票雙簽理合聲明謹。奏

查本内議以銷去加一級仍於補官日降一級用之前任福建○○縣告病知縣朱茂常係失察逆犯糾夥之案是以臣等不票雙簽理合聲明謹。奏　增

十年三月二十日吉林將軍奏○○失察隱占田畝至一千畝之多一本部本無公罪及紀級准抵與請旨字樣亦無情節較重字樣只敘明事由請照例革職華呂票擬雙簽奉旨隱占至一千畝之多著照部議革職以後遇此等不必票雙簽。應照此等式

又有知縣守備以上之官實降實革不出名者如老病勒休照例（二字要看所以不出名在此）革職等本只在

吏部單簽説帖

隨本酌定此闕辦似無成法矣。十年四月二十日記

此案鄭常新於糾搶重案（本稱犯多贓重。百餘人銀二萬）事將一載（本、）犯贓尚多未獲（本稱獲犯尚未及半贓銀未及十分之一、又不能預防趕辦云云、擇用此句。）實屬疎玩（本稱雖知愧奮、究屬疎玩、改用實屬字、）著照部議革職餘依議

查本內議以革職之江西署永新縣事試用知縣鄭常新、係疎玩糾搶重案、情節較重、（二重字複易。。云不妨、）是以臣等不票雙簽、理合聲明謹。奏

疎玩糾搶重案（不用於字舊式）之江西永新令（帖詳此畧）鄭常新、革職、（十一年十一月初八日）

查本內議以革職之前任湖北塩法道今補理藩院員外郎。。係屬

理藩院員外郎前任湖北塩法道。。議處

專本請升是以變例出名。復又簽條中拏獲隣境盜首可否引。見兩請。此經奏。旨鼓勵與彼不同是以單説

。。准其陞用

拏獲隣境重犯之山東歷城縣典史戚祖茂應否即行升用請。旨説帖

查本内拏獲隣境脱逃重犯之分發吏目借補歷城縣典史戚祖茂經

該撫聲明應否照本職即行升用請。。旨臣等查該典史係奉。。旨即升

鼓勵之員是以票准其升用簽進。呈理合聲明謹。奏

十二年十一月初三日将此條問易。。答云如升知縣則出名此非升知縣也再詳

吏部單簽説帖

佐貳獲重犯出名。專摺奏請

部駁、閣帖、同一事由、而
辭有詳畧、

單簽尾用候定。雙
簽尾亦有用謹奏者

查本內、護理河南巡撫吳邦慶請以柘城縣知縣張範東、調補商邱縣知縣、吏部照例議駁、臣等商邱縣、係沿河要缺、例應會同河道總督揀選調補、今張範東果否熟習河務之處、該護撫並未會同揀選、是以雖據專摺奏請、臣等不票雙簽、理合聲明、謹。奏

查本內議以降一級調用之福建巡撫王紹蘭、係屬大員、臣等照例不票雙簽、其請以福州府海防同知徐汝瀾、升補泉州府知府、閩縣知縣言為焜、升補福州府海防同知之處、俱經吏部照例議駁、臣等查泉州府、係請旨簡用之缺、例不准在外升用、且徐汝蘭任內有革職留任之案、又降職降級等項處分、至一百餘案之多、言為焜降職等項處分、亦有九十案

是以雖據該督等專摺奏請、未便票擬雙簽、理合聲明、伏候○欽定、 增

查本内山東巡撫陳預請以歷城縣知縣戴屺、升補武定府同知等因、吏

部照例、議駁、臣等查戴屺、係親老改近、例應停其升轉之員、是以不票雙

簽、理合聲明、謹○奏、 增

吏部单簽説帖

不用再查字、部議字臣等字。單雙簽、俱有式

此案因造冊不分晰明白議以降調之李天錫著暫免開缺俟事竣後該管官出具考語送部引見再降諭旨餘依議

派往軍營之山東鉅野令李天錫降調、

查本内議以降一級調用之山東鉅野縣知縣李天錫係級紀准抵之案、該員現經派往軍營差委、應照例准其帶所降之級、暫免開缺、俟事竣之後、該管官出具考語、送部引見請。。旨。是以照擬票簽進。呈、伏候。。欽定、

。。著仍照前旨内務府主事自備資斧効力當差贖罪餘依議。加説帖、增

吏部單簽説帖

効力贖罪。再行核辦。事竣引見

查本内議以革職之雲南寧洱縣知縣徐統藩係運員短少銅觔限滿不完之案本内聲明半年内完繳再行核辦是以臣等照例不票雙簽理合聲明謹奏

嘉慶十一年九月十六日

乾隆十二年十二月十一日奉。。旨向來道府因公罣誤例應降調者俱著詢問該督撫如居官尚優照所降之級留任如係平常之員即照部議降調同知通判州縣則令該督撫出具考語送部引見而州縣佐雜則又係問督撫以定去留朕思道府為地方大吏既有應得處分亦應令其來京引見不必問缺。。是年四月陳中堂酌刪居官如何之處句十月初四日堂定增再降諭旨句。二月堂諭簽內去文代清楚句

雙簽說帖　吏部

依議

此案因前任督徵錢糧未完議以降調之富常泰著該督出具考語送

部引見再降諭旨

。。西寧府知府富常泰前任督徵錢糧未完降調　雙簽說帖

查本內前在河澗府任內督催地丁錢糧未完議以降四級調用之現任

西寧府知府富常泰係因公議處之案是以臣等照例票擬雙簽進。呈

伏候。。欽定

依議

吏部雙簽說帖

因公議處。級紀准抵。試用。旗員變文。查無級紀照准抵例

無此二句、則應入情重單簽、
變文、

此案相驗錯誤罪名尚無出入自行審出檢舉議以降三級調用之。。。著該督撫出具考語送部引見再降諭旨餘依議

相驗錯誤自行檢舉之烏魯木齊理事通判。。降調、雙簽說帖、

查本内議以降三級調用之。。令烏魯木齊理事通判。。相驗草率、例干降調、惟正犯罪名、尚無出入、且係自行審出檢舉、事屬因公、是以臣等仍票擬雙簽進。呈伏候。。欽定、

查本内議以降一級調用之前署。。縣事。。縣知縣。。雖漏報傷痕、於罪名尚無出入、究係因公議處之案、是以臣等照例添寫送部引見簽進。呈伏候。。欽定、

依議

此案因失察書役侵用銀兩議以補官日降級用之劉陶著該督出具

考語送部引見再降諭旨餘依議

失察書役侵用銀兩之前任直隸獻縣劉陶議處

查本內議以補官日降一級用之前任直隸獻縣知縣、今發往甘肅差遣

委用之劉陶、係級紀准抵之案是以臣等照例票擬雙簽進呈伏候

欽定　增

依議

此案因失察糧差私雕假印議以補官日降一級用之陳傅霖著佚服闋

亦寫赴補

之日 試用知縣不票補字○楊記 赴部帶領引見再降諭旨餘依議

依議

此案因丁憂回旗起程逾限二月以上議以補官日降級用之姚玉麟著俟服

闋應補之日 旗員丁憂回旗故票應補不票赴部○楊 該部帶領引見再降諭旨

說帖本面未錄○增

依議 十年八月十九日

此案於絞犯捏報留養不能查察 此句易○○照本內所引例添 率行取結申 送○原照吏部出語寫送字報○易

○○照引例改報字是 議以降一級調用 原照舊式只寫降調字易○○云添明好 之李莊著該督撫出具考語

送部引見再降諭旨

於絞犯捏報留養率行取結申報之廣東署陽山令李莊議處 片一

改簽、疏岱富信、俱著加恩改為革職留任、富信仍罰俸一年註冊、史致光業已告病回籍、著加恩免其革職、餘依議

查本内議以降一級調用（原用舊式再出衆由易○○云、可不用、）之廣東署陽山縣候補知縣、（原只寫陽山縣知縣、易○○云、添明、好）李莊係級紀准抵之案、（本内聲明查無級紀則與准抵者同例、）是以臣等照例票擬雙簽進。呈伏候○○欽定、

依議

此案於承審命案逾違二參分限之羅登舉著該督撫出具考語送部引見再降諭旨餘依議

承審命案、遲逾分限之雲南昆明令羅登舉、議處、（片一○革職例有片雙簽、説帖）

查本内議以革職之雲南昆明縣知縣羅登舉、係因公、（本内無因公及准抵等字、云本内例不出因公字、）議處之案、是以臣等照例（本内亦云照例革職）票擬雙簽進。呈伏候○○欽定、

吏部雙簽説帖　因公未欽明等處分○京圻官議處

本内未敘清酌票

本内已敘出亦須酌票

乾隆三十二年七月十三日奉○○上諭試用人員有因公罣誤者俱照實授人員例出具考語送部引見以昭畫一以杜弊端

按此本十二年六月十二日祝○○因於革職字後別無聲敘撤十三日又送閱仍無因公准抵及他聲敘易○○屬用雙簽查去年十一月初五日昆明縣王○因承審殺死三命一案適限革職亦無因公等字已票雙簽遂用其式如自票則用单簽矣本内既不聲明罪之公私要在照事酌票

十五年二月十四代祝○○看河南陽陰令黄樹烈因造報緩徵民欠錯誤至三千餘兩之多呈請改正究屬疎率一本因本尾有查無級紀抵銷句票雙簽次日問易○○云宜用单簽不要為查無級紀句所提只論事之輕重也

依議

此案因失察屬縣骫法得贓議以革職之蔣如燕著該督會同府尹出具考語送部引見再降諭旨

順天宛平令○○議處 乾隆四十一年五月二十八日

西路同知蔣如燕議處、乾隆五十八年八月十六日○增

依議

此案因棍徒假冒職官招摇詐騙不行查拏議以於現任内降一級調

用之博爾𧮪著該、將、軍、原票府尹字○改出具考語送部引見議以於現任内

降一級調用之那靈著該部調取來京引見原票著該部出具考語、○易○○云、恐未合辦法不如用調取字為準

再降諭旨餘依議

失察棍徒詐騙之○盛京長春廳通判、博爾𧮪等議處、

查本内議以降一級調用之○○○同知前署長春廳通判○盛京刑部郎中、

那靈已升盛京郎中、

本内無級紀准抵字、禧淳既准抵博爾𧮪

吏部雙簽説帖

事後捐級不准抵那
靈無級紀可抵是以
實降而仍從准抵之
例票簽

前任長春廳通判那靈俱係級紀准抵之案是以臣等分別票擬著
該將軍出具考語送部引見著該部調取来京引見再降諭旨簽進
呈伏候欽定

十四年正月二十五日本說帖原用挨敘不見重複字句易改用總敘
而以分別二字挑清

依議

此案因失察書吏偽造印照抽匿弊混議以現任内降調之九邑著
該部帶領引見議以降調之翟筠著該撫出具考語送部引見再降

堂官出考簽内不出帖内出

不出事由不出處分另式

諭旨餘依議

原任山東高唐牧丁憂回旂續升工部員外郎之九苞等議處十四年七月十七日堂定加奏片補進。雙簽説帖

依議

廣慶著該部帶領引見不裝頭不出事由不出處分先出名俱與常式不同或以移官之故後重加處分俟後處分者多用此式

於○○○之前任直隸理事通判理藩院員外郎廣慶議處雙簽説帖

查本内議以現任内降二級調用再降一級調用之前任直隸理事通判管建昌縣知縣事廣慶係紀級准抵之案例票雙簽再查該員已升理藩院員外郎例由該堂官塡註考語咨部是以臣等擬寫該

吏部雙簽處分

移京職後處分

部帶領引見簽進。呈伏候。欽定

調取引見

已升已降人員其非現任在籍者用調取來京云云若現有本任仍用該督撫出具考語式○十年四月○日易○云

大員不票雙簽未聲明

阿林保著於現任內降一級留任餘依議

阿林保著於現任內降一級留任其因（大員與各官同簽議處去此条二字添其因字分出）失察屬縣鄒移庫項議以革職之周兆蘭趙德潤俱著該部調取來京帶領引見再降諭旨餘依議

於屬縣鄒移庫項失察之前署南康守周兆蘭等（不出阿林保）議處（雙簽說帖）

查本內議以革職之前署南康府事寧都州知州周兆蘭前任南康府知府趙德潤俱係因公議處例票雙簽再查周兆蘭業經另案降調趙德潤業已捐升道員離任是以臣等於該二員俱擬寫該部調取來京帶領引見簽進○呈合併聲明伏候○○欽定

吏部雙簽說帖

已降已升人員處分○移官移地移省人員處分

二人二案分出是以較
詳

調取簽未聲明

想因改捐未補不能
用京職之式

依議

此案因失察衙役滋事釀命議以降一級用之金德失察書吏舞文弄法議以降二級用之恒慶俱著該部調取來京引見再降諭旨餘依議

失察衙役滋事之直隸前署赤峯令金德等議處 增

查本内議以降一級調用之前署直隸赤峯縣知縣今升盛京刑部員外郎金德議以降二級調用之前任直隸理事通判管建昌縣事今升泰陵工部員外郎恒慶俱係級紀准抵之案是以臣等照例票擬雙簽進呈伏候欽定

查兗沂曹道童槐改捐郎中道任失察處分本未將改官聲敘只票照例票擬雙簽云云

捐復未補在京投供者

依議

此案因○○○議以降調之○○著該督撫出具考語送部引見○○俟得缺之日奏明請旨餘依議

於○○○○之前任○○令○○等議處 雙簽說帖

查本內議以補官日降二級之前任○○縣知縣○○議以銷去加一級調用之前署○○縣事現任○○州知州○○俱係級紀准抵之案例票雙簽再查○○已另案革職捐復原官奉○○旨著照例用欽此欽遵在案是以臣等於該員擬寫得缺之日奏明請旨簽進○呈伏候○○欽定合併聲明謹○奏

吏部雙簽說帖

革職捐復已奉旨照例用未補人員處分

在、省、候、補者、

十四年十二月、知州告病、、痊候補、直隸蔚。。涿州前知縣任内降調准抵、之案、票該出具

考語云、、。周。。本。祝。。定

接處
乾隆十三年○○○上諭，凡遇養親事畢字樣，俱改寫應補之日，欽此

接處前後俱應雙簽者

祀○○云服闋病痊者，赴部候補者，赴原省候補，赴補，赴部須分清，祀○○云未得缺之員丁憂服闋起病，則赴原省候補，實缺者，則赴部○再詳閱○又云，未得缺人員告病告假該督撫不題本○十二

依議

此案因違例多給驛馬議以降○級用之○○俟服闋之日赴部引見○○俟應補之日赴部引見○○前經降旨著該督撫出具考語送部引見著仍照前旨行餘依議 服闋、病痊、赴部引見、赴補、應補之日，酌寫○末一條式，詳後

違例多給驛馬之○○令○○等降調、 雙簽説帖

依議

○○俟病痊服闋赴補之日該部帶領引見餘依議 不裝頭，先出名，不出事由，另式○候後處分者，可不裝頭，不出事由

於○○○之前任○○令降調、 雙簽説帖

查本内議以補官日降調用之○○○○係因公議處之案例票雙簽，再查

吏部雙簽説帖　丁憂告病人員處分○告假○分別已奉未奉○○旨票擬　試用署事人員

年十二月十八日記

分別票擬

在省候補者

該員現在丁憂患病調理是以臣等擬寫候○○之日該部帶領引見簽進○呈伏

候○欽定

乾隆五十八年奉○○旨凡離任回籍官員處分只票該部帶領引見無庸直票出具考語送部字樣以期核實回籍在籍者不寫出考

○○再查○○○已患病回籍○○○已告假回旂是以臣等分別票擬進○呈○節抄○增

按告病票病痊赴補之日告假者票赴補之日

依議

此案因失察典史擅離職守未待委署因病告假即行議以補官日降一級用照本本內無調字

之傅繹著該督撫出具考語送部引見再降諭旨餘依議

福建○○○○○議處十四年五月二十一日

本内擅離職守、試用縣丞署典史陳景嶶革職、以官小不出名、失察之同知署知府華文瑛以降一級抵、去不出名、夾片、单出傳繹一人、照票。傳係署事未補之員、原擬用得缺之日云云、易。云赴補赴部服闋等句、專為丁憂告病等員、設此試用人員現在該省、可與實缺同式票之、

有另案降調、奉旨著引見者、有另案降調已經引見以原官用者、有另

查本内議以補官日降一級用之福建署福安縣事試用知縣傅繹、係級紀准抵之案、是以臣等照例票擬雙簽進。呈伏候。欽定、

依議

〇〇前經降旨著該撫出具考語送部引見著仍照前旨行餘依議

吏部雙簽説帖

已降已革已奉旨未引見人員處分。已降革已引見奉旨以知府用人員處分

案降調未經開復無職可革無級可降又有處分須註冊者分清

二案分議不得以又再字渾過。簽內不出事由帖內出明恰合然此帖却因兩案兩處不得不如此出明非與簽詳畧互見也

於○○○之前任○○○令○○降調革職○雙簽說帖

查本內議以革職之湖北○○縣知縣○○係因公議處之案例票雙簽再查該員業經另案降調奏○旨著該督出具考語送部引見再降諭旨欽此欽遵在案是以臣等票擬仍照前旨送部引見簽進○呈伏候

○欽定

查本內因經徵緩徵租銀原欠四分以上三叅不全完議以降五級調用又民欠租銀原欠三分以上三叅不全完議以再降四級調用均註冊之原任永清縣知縣尚之清係因公議處例票雙簽再查該令業經另案革職奏○旨著該督出具考語送部引見再降諭旨欽此

此已經引見仍以原官用者不得用再查云云式故變文

欽遵在案是以臣等擬寫仍照前旨送部引見簽進。呈伏候。欽定

按已降革再處仍照前旨行仍照前旨送部引見仍著送部引見意同式異酌用

依議

此案因失察所屬濫刑斃命議以降級用之屠英著俟赴補之日該部帶領引見再降諭旨餘依議

失察屬員濫刑斃命之前任廣東肇慶守屠英議處

查本内議以降二級補用之前任廣東肇慶府知府另案降調引見仍以知府用之屠英係級紀准抵之案是以臣等照例票擬雙簽進呈伏候。欽定

增

吏部雙簽說帖

在省候補之故、
兩次處分人員、前後俱
題請者、後須票仍照、
前旨云云。前題簽
後次部内未聲明係公
罪私罪者、後次票另俟
引見之日、該部將此案
一併奏明云云易〇〇云部
推閣〻仍令其自行奏明
也。十五年三月二十九日

十二年十二月十七日曹〇〇票廣東一本〻内稱李應均前因案降調引〇〇見仍以知州
用、候補官日陞一級、易〇〇屬票該督撫出考云云不票赴部云云再詳。祝〇〇云　督撫應
出考語、極是然與屠英案同簽異。再詳、

復處之案近用此式

依議

此案因失察民人收藏經卷燒香上供不能查拏（易○○照未添此句、）之唐宗泰著仍照前旨俟病痊赴補之日該部帶領引見餘依議（尚有王燕堂一層未記出、）

查本內議以降一級調用之前署直隸鉅鹿縣知縣唐宗泰、前任鉅鹿縣知縣王燕堂、係級紀准抵之案、例票雙簽、再查唐宗泰、前經另案降調、又經告病、王燕堂前經另案革職、捐復揀發浙江差遣委用、是以臣等分別擬簽進。呈伏候。欽定、

吏部雙簽說帖

變式凡二層帖有三式。欽
定寫在前如此式一也寫於
收尾或在聲明字前後二
也三也
兩員同故變文
接處。鄭因回籍變文

依議

裘豫仍著送部引見鄭命三俟赴補引見之日著該督將此案一併奏

聞請。旨

原任監利令裘豫等議處、雙簽說帖。裘鄭俱重加處分、鄭又係俟後處分、故不裝頭、不出事由

查此本議以再降三級調用註冊之前署武昌縣事原任監利縣知縣

裘豫、議以降三級調用、之前任嘉魚縣知縣鄭命三、俱係因公議處

之案、例票雙簽進。呈伏候。欽定、查裘豫前因另案部議降調註

冊、奉。旨俟軍需事竣之日、送部引見、欽遵在案、再鄭命三前因

另案部議降調、奉。旨出具考語、送部引見、欽遵在案、嗣經告

兩旨字句複、
接處因未服闋變文、
如另案已革未經奉旨
引見之員則票依議。十

假回籍、是以臣等於第二簽內、擬寫袁豫仍著送部引見、鄭命三、俟赴部引見之日、著該部將此案一併奏聞請旨、理合聲明、謹。

奏、嘉慶十年十月初二日

按鄭與革職捐復人員不同、似應票俟赴補之日、仍著該部帶領引見、再降諭旨、或票俟赴補之日、該部仍照前旨帶領引見

依議

此案因開報職名遲延三年以上十三案議以每案降一級調用註冊之沈寶善著仍照前旨俟服闋引見之日該部將此案處分一併聲明請旨再降諭旨餘依議

前任廣東新會令沈寶善議處、

三年二月十九日福建安溪
令張瀚本、

查本内、議以降十三級調用註冊、之前任廣東新會縣知縣沈寶善、係級紀准抵之案、例票雙簽再查該員、業経丁憂又另案革職、奉旨俟服闋引見之日聲明請旨、欽遵在案、是以臣等擬寫仍照前旨簽進。呈伏候。。欽定、。増

查本内、議以銷去加一級仍於補官日降一級調用、之前署山東范縣事博山縣知縣李啟培、係級紀准抵之案、例票雙簽再查該員另案降調、奉。。旨送部引見、欽遵在案、續経丁憂、是以臣等擬寫俟服闋之日赴部帶領引見簽進。呈伏候。。欽定、増

按、此已、降調、又丁憂、者未票將此案奏聞
聲明云云、

亦入雙簽、

趙宜暄准其升補仍俟曹○○升用後再行送部引見餘依議

趙宜暄不准升補

○○省○○令請升補○○○、歷俸未滿、應否准升、請○○旨、雙簽説帖

乾隆五十九年四月初一日奉○○旨、調補知縣、如並無别項事故止於歷俸未滿、與例不符者、票雙簽○説帖

依議

○○准其調補所遺○○縣知縣員缺即着○○○補授

調補知縣、歷俸未滿應否調補請○○旨

增○按此與上條同、五十九年奉○旨、票此式、

吏部雙簽説帖

知縣升補歷俸未滿

違限不及四月者、無
説帖載雙簽條

簽出事由

李賡芸著罰俸六個月餘依議

李賡芸著罰俸六個月其因開報職名遲延至二年以上議以革職仍
降級註册之袁增壽著該督出具考語送部引見遲延三年以上
議以革職仍降。級註册之英泰俟病痊赴補之日該部帶領引見
再降諭旨

開報職名、遲延二年以上之○○等、議處、雙簽説帖。赴任、繳照違限四
月以上者、仝此式。十二年七月
十六日、桂林府經歷郭效儀永康州吏目謝桂垣、赴任逾限四月以上票依儀以
係知縣以下、官也

依議

此条因繳照遲延違限一年以上議以○○○○之○○著該撫出具考語送

吏部雙簽説帖

開報職名赴任繳照違限處分

帖出眷分出官互見

部引見再降諭旨

繳照遲延至一年以上之河南○令○○議處 十五年閏月十日柳州通判捐升知州樊傅一本以該員未到任改用該部調取引見後易○又改帶領引見以該員現在京也

查本内議以革職之河南即用令○○係屬公罪是以臣等照例票擬雙簽

進○呈伏候○欽定 九年四月二十八日虞○○本

該督該撫該將軍該
督會同府尹該管大
臣俱照本

十五年閏月十日柳州通
判樊博遲延半年以上
未到任已捐升知州處分
一本亦用帶領引見式無。

雙簽說帖彙記

處分

在省候補、
現任、
前降調已引見以原官用在省候補、
該。出具考語。、

實缺丁憂旂員、
服闋應補之日該部帶領。、

未補丁憂人員、
服闋之日赴部帶。。

告病丁憂人員、
赴補之日該部帶領。回籍者不票該。出考

另案降調引見仍以原官用在籍、

前外任、現任京中司員、
服闋、降補、告近另選。等員在部投供如後歐張二員
著該部帶領。。

吏部雙簽說帖　彙記

之日，句再問。

接處近式，載前唐宗泰案。

另革捐復、奉旨照例用、在京投供。得缺之日、奏明請旨。。

另案降調捐升離任、前外任、現任陵寢、盛京司員、該部調取來京引見。。

接處前後案俱公罪、仍照前旨行。仍照前旨送部引見。仍著送部引見。

接處告假回籍人員、後案公私輕重、部中未敘明、赴補引見之日、將此案一併奏聞請旨。。

本内先出例降一級調用、又稱並無級紀、應於補官日降一級用、失察邪教向用單簽、此稱補官日降級無級紀云云、是以雙請、例應句極活、援供字極清、合併句極周備、皆祝呂改、

接處另革丁憂人員、服闋之日、赴部、帶領。、

丁憂在另革後、故無仍照前旨句

接處丁憂又另革人員、仍照前旨、俟服闋引見之日、該部將此案處分一併聲明請旨。。

依議　十三日下　改簽　諭旨　夾内

此案因失察民人傳習道教議以補官日降一級用之歐聲振張翔俱着

祝呂云輕在此字與邪字分別、

該部帶領引見再降諭旨餘依議

查本内議以補官日降一級用之直隸前署獻縣知縣歐聲振前任獻

吏部雙簽説帖　彙記

查例習教斂未惑衆最重、
而亦從請何也、
承辦吏云、服闋者、赴部、
告病痊者、赴原省、

縣知縣候選知州張翔俱係級紀准抵之案例票雙簽、再查歐聲振係服
闋赴補張翔係告近另選俱例應在部投供前式俱無此句是以臣等於該二
員擬寫該部帶領引見簽進。呈合併聲明伏候。欽定、十六年三月初十日

本內聲敘歐聲振從前各任失察教習及踰移等案處分降補捐復年月節經引見
旨意及十二年二月丁憂十四年奏參失察民人李士方習教斂錢奉旨係服闋赴補
該部帶領引見十五年六月引見奉旨改為補官日降一級留任接云今因前署獻縣失
察王賢傳習道教單內稱應補官日降級張翔亦歷敘由知府失察尹老須降級選雲南
知州告近另選今因前在獻縣任內失察王賢云〻與歐同。原擬於歐票該督出考傳問歐現
在都投供原擬於張票得缺之日視〇〇云若然則更受虧是以改票如右、

吏部雙簽説帖

查上年七月初十日臣等具奏酌改票擬部駁外省違例陞調官員章程一摺奉。旨後該大學士於票擬部駁陞調本内、如僅止尋常叅罰之案、亦祇於十五案内者票擬雙簽等因欽此令此本内閩浙總督汪志伊請將羅源縣知縣鍾師唐調補詔安縣知縣之處吏部以歷俸未滿三年照例議駁臣等查該員並無降革處分叅罰亦在十案以内既經該督專摺奏請是以票寫雙簽進。呈伏候。欽定

現在不計案數凡專摺奏請照本出語票𨺚簽。增

依議

準雙簽係中大員將
未俸滿者入薦議
處無寬免一層

准其陞署

專摺奏請以陞署　增

查外省違例陞調官員其專摺奏請者部覆上時臣等酌票雙簽令
此本內請以陞署吏部照例議駁臣等查係上年報効滑縣軍營
出力人員既據該專摺奏請是以票寫雙簽進呈伏候欽定嘉慶十九
年七月此件無叅罰亦無人地相需字樣

那彥成著罰俸九個月餘依議

袁俊准其調署永年縣知縣所有那彥成等應得處分俱著加恩寬免

直隸總督那彥成專摺奏請以陽曲令袁俊調署永年令　增

查外省違例陞調官員、其專摺奏請者、臣等酌票雙簽、今此本內。。。請以陽曲縣知縣袁俊、調署永年縣知縣、吏部照例議駁、臣等查永年縣係衝繁難要缺、既據該督聲明人地相需、專摺奏請、是以票寫雙簽進。呈、伏候。。欽定、

御門

御門既有日期、則吏部缺本、兵部給俸、刑部夾簽請旨。諸本俱須撤。增

御門備簽、兵刑等部雙簽、只寫加恩草簽一枝、吏部缺本另票空名、草簽一枝、不用名圈、以備臨時填寫、其月日悉照原本、書寫不寫。

御門之日。增

京察

依議

舉行京察各事宜。增

雙簽、

京察各官停其陞補、○增

依議冊留覽

京察各官、此小京察、由堂官定、是以用依議、

知道了單留覽

京察在京三品以上堂官、本内俱有履歷單、另有大學士等不入京察有○旨意片一件、

京察在外督撫

二本久、由軍、機、處、繕、寫、詳載吏部條下、○三十三年有○硃筆存閣、○公議票單留覽、

依議冊留覽○○著來京引見

雙簽、

依議冊留覽○○○著不必來京引見

盛京考察官員等第、其府丞應否引見、請○○旨、府丞四品京堂、不入等第、故兩請

盛京京察有冊、又有人數夾單、只票冊留覽、不票單併發、

依議冊留覽奇臣蔣良騏俱著在盛京帶領引見

依議冊留覽奇臣蔣良騏俱不必帶領引見

盛京考察官員、其府尹○○○府丞○○○應否引見請○○旨、新例三品引見○按府丞四品京堂、亦不入等第、故

並請、

京察之年、恭逢、謁○○陵、本内更請照票、

十年三月十九日一本、
二十一日将单發下、

大計　甄别

依議

舉行大計各事宜、增

照八法議處之員、例應引。見

依議册留覽　有不夾册者、去次句

。。大計不入舉劾各官、

大計　不謹　罷軟　浮躁　貪酷　等官、

知道了單留覽

大計　甄别

雙簽

雙簽

各省大計、藩臬兩司、履歷考語呈○○覽、十年三月十九日一本、照本添考語二字、○牛○○云、呈覽字可省

○○等准其来京引見餘依議

○○等不准来京引見餘依議

各省大計卓異人員、部議二字酌請○○旨、本内有正項錢粮未完、惟係兼三四要缺、歷俸已滿三年、又有正項錢粮未完、又非要缺、惟歷俸已滿五年、應否引見、雙請

○○著罰俸○○○○著銷去紀録。次免其降級○○等俱准其來京引見

餘依議

○○著罰俸○○○○著銷去紀録。次免其降級○○等俱不准来京引見餘

依議

單簽

大計將未經俸滿人員入薦

知道了單併發

彙題三年内甄别過教職佐貳等官數目

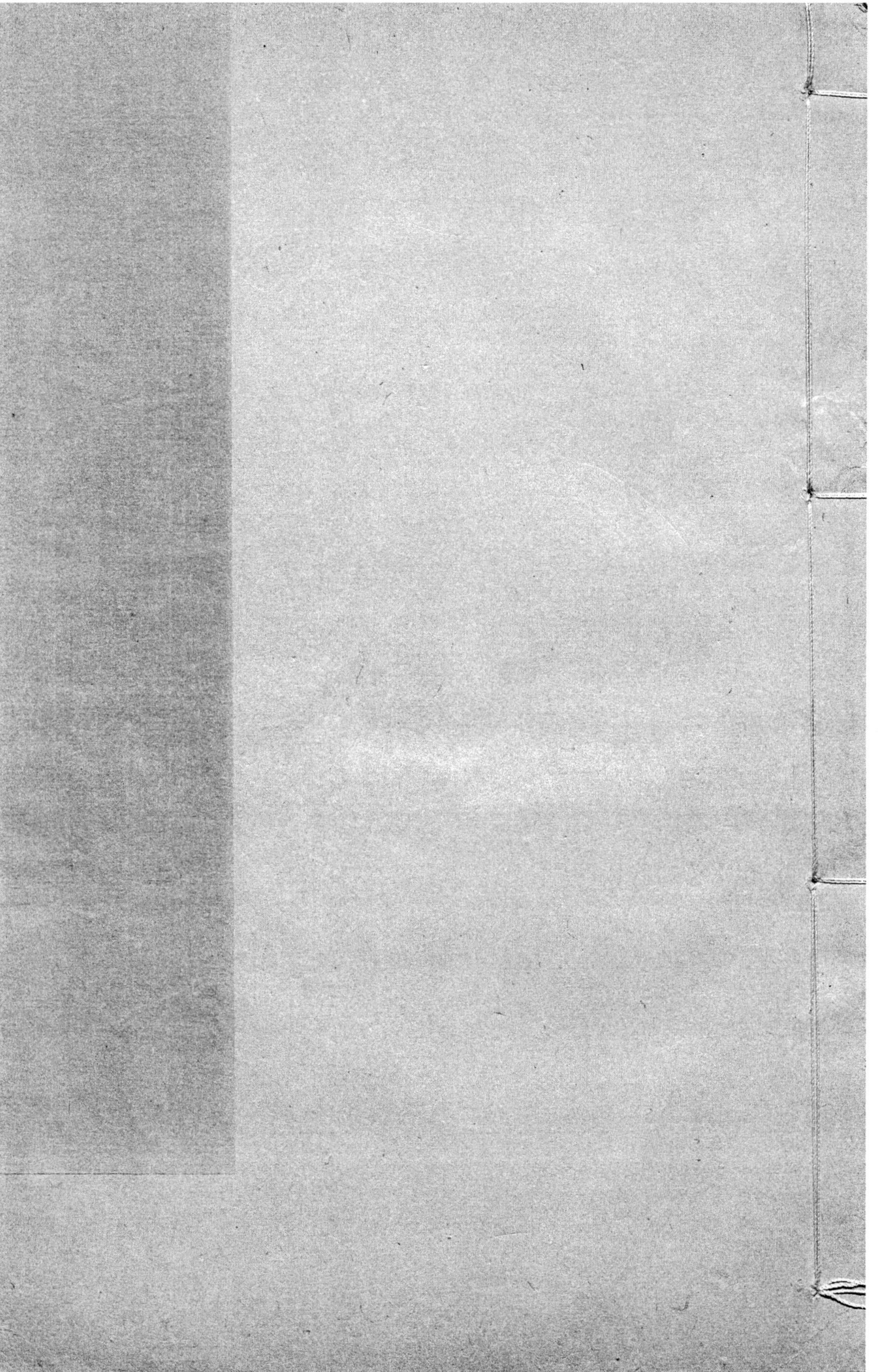

户部

單簽

依議

各項估需銀兩議覆、增

蘇州。分收存各案抄産變價銀兩核覆、十年六月二十四日

各項用過銀兩准銷、增

各衙門奏銷紙張數目核覆、

署
回任
臬司接收交代錢糧數目核覆、

道員交代、增

交盤轉限

陝西布政使接收各任倉庫錢糧數目核覆　本内有併案。盤查。無虧等字俱不出。九年五月初四日

准管關稅　增

各關徵收稅銀核覆　增

歸化城稅銀收訖　增

崇文門稅銀數目　增

海船收稅貨務　增

左翼徵收額稅銀兩數符

驛站錢糧　增

支放八旗俸米　乾隆三十九年七月十六日。增

本内有自王侯以下云云。十五年十二月十七日本内稱王公以下頂戴官員以上云云票知道了以本尾只有數符字。祝。改依議

給流民盤費　增

支放各官俸銀。乾隆三十九年正月二十四日。增

支放甲米。增。放過八旂甲米票知道了

支放本年秋冬二季俸銀事宜

江蘇江寧等州縣借撥驛站銀兩飭令歸款

江南蘇州等衛編審軍丁花名數符　乾隆三十七年三月十九日。有冊即撿。注增。按如有冊加票一句

雲南省給過留防緬寧官兵塩糧各銀核銷。准銷。核銷。滅銷加冊併發亦滅銷無冊本内已敘明

兩淮塩政銷過額餘引數目、核覆、

茶引核銷、增

軍需核銷、

安徽巡撫盤查藩庫錢糧各數核覆、

酌撥兵項、○乾隆三十九年正月二十一日○增

各項賞給、

賞給外藩王公緞疋、○放過蒙古王公緞疋票知道了、○乾隆三十七年二月初二日○增

預領銀兩數目核覆、

陜西寧陜等廳州縣官役俸工等項不敷銀兩准借撥、

江西南昌等縣被灾田畝分别緩徵等因

田畝起科。增

甘肅省墾地升科議覆

殺虎口徵解收穀數目核覆

黑龍江支過監犯口糧報銷核覆

沉溺銅斤准豁。乾隆四十年三月十七日。增

已故蠡縣令曹〇〇應賠旗地租銀無力完繳准豁

前任河南汜水令徐〇〇應追攤賠銀兩不准豁免

盐菜銀兩。乾隆四十年二月初七日。增

户部单簽

本内稱河東河標

織造衙門解過緞疋。增

各衙門支過馬乾草束等項折價銀兩准銷。八年十二月十八日。舊式寫内務府等衙門支過

貴州省用過兵丁紅白事件銀兩准銷

起運船糧。增

浙江起運糧儀倉場侍郎題報到日再核

議准豁免錢糧。增乾隆三十九年正月二十九日

賑恤災荒除免錢糧。增

東河河標四營朋馬奏銷核覆。九年五月初十日

貴州人、為湖北官應追賠項、行查本省。故添首四字。○易○○云太詳、

官馬圈題銷節省銀兩。○增○乾隆三十九年正月二十七日

倒斃馬匹數目

河南承追閩省虧欠官項銀兩已未完各數核覆

貴州核題前任湖北應山令○○○應追挪借民欠等項銀兩無力完繳請豁核覆　十年五月初七日

河南省庚申科武場鄉試文鄉會同用過供應銀兩報銷核覆

直隸續完地丁銀兩題請開復之崇信令李棠蔭俟查覆到日再議等因

山東省范縣等縣續漕項銀兩、正耗不符之處、俟查覆到日再核。

湖南武陵等縣蠲賑銀兩分別准駁、

江西寧都等州縣、用過賑濟銀兩、另冊到日再核、

各處米豆折價。增

山東省五年分、支過武職養廉銀兩報銷核覆、

貴州大定府屬、鉛廠抽課報銷核覆、

題銷節省、錢粮

常平倉存貯穀石、。增

放完八旂俸米、聲明逾限。日、無庸議、。增

浙江烏程縣、續完。年分、漕項銀兩、應議督催各職名、毋庸議、。九年十一月二十一

州縣令已前請開復免議。此等情節，每有不同，照本票清。

八旗滿蒙支過錢糧數符，毋庸議。增

秋審、朝審、用過銀兩數符。增

續完奴典租銀之已故直隸安州牧郎〇〇，原忝毋庸議。

内倉收放米豆數符。增

河南内黄縣帶徵十三年分德州倉遞緩米石案符。

買米平糶。增

採買兵米。增

不出名各官，原忝開復。增

户部單簽

出名式、年分或不出以出爲是

數員不出名式

已復又留、一員出名式、數員亦可用等字、出第一員名一員亦可不出名

經徵全完准開復、○增

山西續完地丁銀兩之縉雲令○○○原議准開復、

浙江續完、年分屯餉銀兩之經徵守備黄元吉原議准開復、

九年二月二十七日、

浙江海寧等州縣續完漕項銀兩原叅各職名、准開復、

閩省未完地丁銀兩、業經豁免原叅各官准開復

初叅援赦、○乾隆三十七年二月十七日、曾

續完地丁銀兩、業經開復之浙江永嘉令○○、准留原任、

湖北黄陂等縣衛、續完屯丁正耗銀兩、初二叅督催各職知府三員、准開

瞻改贍　下六行

户部单簽

復八年、

浙江續完。年分。。米石、之督糧道夏修恕原議准開復、

不出名式須於省分下出府縣等名。此粮道以出名為合。通本聲明該道於題恭未接到部覆、督催全完請免議、部議亦全引各例、而歸於續報全完云云、故仍票舊式

閩省收塩溢缺分、數各場員分别議處議敘

鎮廸道屬、二年分地糧全完議敘、

捐瞻族田准議敘、。亦入吏部、户部乃本條、

徵收盈餘議敘、。乾隆三十七年二月十七日。增

索倫進。貢貂皮事宜、。不及等第、停賞、。八年十一月初九日本内無夾片、減半賞、亦票依議。原票雙簽。乾隆八年遵。。旨票依議。後有雙簽舊式

不出名各官議處、○增

○省○局鼓鑄銭文核銷、○增

條奏漕項事務、○增

條奏塩價事務、○增

各倉開溝鋪墊、○增

開廠事宜、○增

封開礦廠、○增

開停鼓鑄、○增

移交沙銀、○增

本内稱開列清单、亦無单、本内有計開字、

三陵歲修工程、應票是依議有核減則去是字、敬酌。十年十二月六日。

添設官役事宜。增

奇赫臣等處求親、。查此件係清字、三十九二年二次進、該部改摺奏、

議撥各省兵餉數目、本首寫酌撥庚寅兵餉事、其實辛卯春季、亦在内。九年十二月十五日。預撥次年夏秋季、並隔年春季、共一千八百。十餘萬、

東陵西陵承辦事務衙門、採買麥米等項銀兩、題銷核覆、無核議。旨意、送核字樣、是以仍票核覆、

蘇松新陽縣、未完漕項銀兩、三次年限考成、知縣德宣降留、照本不用職名字、核覆、九年五月

户部单簽

初十日、

大興等州縣、用過供應馬駝草豆等項銀兩、核覆、

直隸薊州遵化易州等處、供應。。。東陵員役俸餉各項、准撥給動撥、

直隸薊州等處供應。。。東陵員役俸餉各項銀兩、數目核銷、

巴里坤牧駝兵丁、吳魁等三名、准賞給銀兩、○八年十月、

本內該管各官、皆未及年限、賞給牧兵鞦鞋銀兩節經報銷、或俟另案再核、皆毋庸議、故從畧、兵丁數目、不票出、則疑多、单票准賞、則疑重、故從詳、

駐藏副都統應給衣服銀兩折給、核覆、○增

彙題伊犁等處咨報租稅銀兩、支存各數核覆、

彙題秋禾○增ㄱ彙題各省秋成分數、票知道了、单併發、

除去民谷數、故本面
出倉庫等字。十二
年五月七日本

彙題各省改奏為咨事件、　單不票出票依議

烏魯木齊迪化州等處製辦口袋藥料等項銀兩第五案咨銷、　本首稱據

咨具題咨、非題本無議奏察核乃旨意、有查、冊稱字故票查覆。九年十一月初
部請銷、云云、查覆。六日票、

查辦各省倉庫錢糧等款彙題、　本首云、彙核具題事、

本內、先引乾隆。年、諭刑部流徙人犯、年終彙題旨、旨末云各部年終彙題事、照
此辦理、後敘臣部應行查辦民數穀數倉庫無虧、動用錢糧、各款云云、又除民谷數
於年終彙題、

吉林等處題補應補監督、。增

補放吉林等處倉監督、。增

户部請改鑄印信、　乾隆四十六年正月、。增

户部单簽

屬員試俸年滿。○增

廣東南澳同知陳懷彥、捐升知府情願註銷、仍留本任、議覆、九年五月十三日。

甘肅武威等縣、派買涼州等滿營兵馬糧料草束、用過銀兩題銷、核覆、九年五月十六日。

江西信豐縣、未完餘租銀兩、五叅限滿題、叅督催職名核覆、九年四月二十八日、

督催係吉○○道周繼炘已調任蘇松太道、該撫未聲敘離任日期、部議俟復叅議結、故本面渾寫職名字、不出名、若降革、則出名、若罰扺、則出名不出名俱可、罰扺簽內不出名、

依議速行

灾賑事宜。

奉。。旨速議一切事件。。增

依議單併發

核銷。。軍需。雍正十年三月。西寧軍需。增

彙題應追違例房價等項，無力完繳准豁。

依議單留覽

彙題蠲免錢糧事宜。。乾隆十年六月二十三日。增

户部單簽

本皮簡文寫。八旂
放過俸餉等項數
符。

知道了

革職微員資助回籍。增

放過八旂甲米。

放過八旂滿蒙漢総王公以下俸祿兵馬錢糧教習公費等十五年十二月十七日。祝。

改依議。

放過蒙古王公貝勒俸銀緞疋。乾隆三十九年十二月初九日。注增

彙題協解餉銀。乾隆四十年十二月十三日一本兩請。增

彙題世職俸銀。乾隆四十一年十二月初十日。注增

外藩公主格格王貝子支領俸銀、乾隆元年陳中堂定。注增

天津閩海關報滿。○增

彙題解餉、

彙題各省撥解兵餉銀两、已未完數符、

批解户部盐課銀两、原票察核。十一年六月初四日改、十四年六月同、

知道了單併發

彙題收成分數、

户部單簽

用過錢糧、城工、

批發該部知道各案彙題、無論駁准。嘉慶二年三月二十九日。注增

工部派員修理工程用過錢糧、向票知道了冊留覽近改用單、亦票單併發。三年四月初六日、

彙題各省收成分數、二年三月三十日。增

彙題各省已未完城工、二年三月二十八日。增

彙題各直省動用錢粮、已未給各案、二年三月二十九日、。增

知道了冊留覽　留覽、併發、字樣、照本、

彙題各省民穀数目、乾隆四十一年十二月十四日。注增

借給八旂官兵俸餉、

三庫錢粮出入、票某人等、不票户部。乾隆四十三年五月初九日、十五年五月一日、顔料庫十四年分出入顔料紙張等数目、緞疋銀庫同、

著察核該部知道

寶源局用過銅鉛等項、票某人等、不票户部。工部寶全局、同、

户部単簽

這煮賑銀米著五城御史親身散給務使貧民得沾實惠勿致胥役侵蝕中飽仍著都察院堂官不時察看　乾隆三十八年九月初三日。

五城煮米、

○○○著該部察例議敘

士民捐助軍需河工等項、○增

朱珪著加職一級餘依議

地丁全完議敘、　其餘議敘、照本酌票。乾隆三十六年十二月二十五日。增

遵〇旨飭令該侍讀等嗣後此等本章均將餘依議三字票列簽末以歸畫一奏〇旨知道了欽此〇七年七月十一日慶〇等〇奏

處叙一簽

本内有前任九江道祝麟已升武備院御史未出以前敘其應降職

依議其不會同户部據咨遽行開復之處著吏部察例具奏

領運千總全完開復　雍正五年八月户部奏〇增〇按帶効兵部

〇〇〇著加〇級紀録〇次餘依議　〇增

福桑阿著銷去紀録二次免其罰俸餘依議　本内有大員處分

〇〇〇著　罰俸〇年〇月於現任内　〇〇〇著　餘依議　有大員處分

〇〇〇著罰俸〇年〇月其督催餘地租銀全完二案著每案紀録二次餘依議

李義文著於現任内罰俸一年孔昭虔著於補官日罰俸一年餘依議

江西九年分漕項錢糧各數核覆　十二年三月十二日

本内聲明李義文已升按察司孔昭虔已升布政司又告病俱罰俸一年完結〇先敘明李義文罰俸六個月孔昭虔降職一級後敘罰俸一年專出後條罰俸一年以所罰六個月俸

户部单簽　錢粮處叙

二級後敘其卸事日期未經查明俟再核也其實降職處分較罰俸為重然未有出降職之式

分案者用〇〇共〇案云云式分限者用者罰俸〇個月再〇〇又〇式

竊意初叅復叅即一限二限也初叅聲明卸事日期初叅內卸事初叅未聲明卸事日期必二限內卸事也再詳〇十二年五月八日記

照離任官例改為一年完結也

扣錢糧處分有兩罰俱出者以分案分限須前後兩三四次罰俸俱為票明也有兩罰止出後條者如此本前罰俸六月改照離任官例六個月改為一年止出後一條也有止出前一條者如先敘某官應罰俸幾個月其應照例議結之處俟查明卸事日期再核之本是也〇此本予疑其前後兩出處分易〇云此與分案分限者自不同也〇又楊〇〇定程祖洛丁憂後罰俸先出罰俸幾月後敘如何議結俟覆叅到再核易〇定陞言丁憂後罰俸先出罰俸幾月後敘覆叅到日聲明卸事日期再核二本俱以無補官日字樣未票明罰俸幾月句此又與此處所記第三條不同〇止出後條者一限開叅〻本與聲明卸事日期並到也止出前條者未定其為一限兩限但敘初叅處分其卸事日期未並敘明也高〇〇云如初叅已罰俸復叅到日係初叅內卸事則已罰過了〇十二年五月八日復記

又有本可分為二案而夾單內以一件二字領起下敘〇〇應如何處分又云再〇〇〇〇又應如何處分此分二三欵作一件票法與分限同不得分案看〇又先出前條一式祝〇〇式中特記照例降級不票出一條以係虛降復叅將開復也降調降留降抵者乃出名此與易〇〇式又有別

祀杰著於現任內罰俸一年王鼎著銷去軍功紀錄一次（本內有抵罰俸一年句不出）其從

一案兩限用一并字、

前罰俸兩個月之處仍著註於尋常紀錄抵銷餘依議　銷紀句下應有免其罰俸

俸句以本内無此句故不用。十二年十二月初十日沈。。本

蘇廷玉共二案其一案著於現任内罰俸一年又一案著於現任内罰俸六個月餘依議

江蘇徵催九年分災緩錢粮初次年限考成核覆

本内聲敘蘇廷玉蘇州府任内督徵欠不及一分罰俸六個月該員已升山東按察使於未經限滿卸事應照離任官罰俸一年完結又云前在粮道任内督徵欠不及一分再罰俸六個月已升按察使其應照例議結之處俟復叅到日再議後一條正應止出罰俸六個月滿票簽處疑應不出六個月句為是如出則恐一限兩處欲撤予知其誤另以該員升臬使前既聲明限内卸事後又聲明俟復叅再行議結撤查。十二年五月二十八日

韓文綺著於補官日罰俸一年餘依議　十二年六月二十日

户部单簽　錢糧處敘

糧處分核覆　上八行

降職向不票，今票出

善劉皆先出一年處分，又續出四年處分，四年者聲明四案，其先出者只一案，故未聲明，可票五案

本内聲敘前任巡撫補授副御史前督催二忝限滿欠　應從降三級調用例上改為
降三級留任，再限一年督催，又另案革職，於未經限卸事，應照離任官例於補官日罰
俸一年完結，此所謂止出後一條也

惠顯共二案著每案於現任内降職一級（本内分敘督催稅餉與耗羨，故票二案）孔昭虔著於
補官日罰俸一年餘依議
惠升侍郎放副都統，孔升臬司藩司告病，本内皆稱其照例議結之處俟復忝到日再
議，此所謂先出前一條者也。十二年六月二十一日
善慶共五案著每案罰俸六個月（藩司督催欠不及一分）劉彬士共五案著每案罰俸三個月（巡撫督催欠不及一分）
餘依議

浙江仁和等州縣徵催。年分錢糧分核覆　十二年七月十七日

盧蔭溥共五案著每案於現任内罰俸一年（已有卸事日期）何凌漢共五案著

舊式於莫張名下用俱於二字於閻全名下用於字

每案罰俸三個月尚未報升任卸事日期顏伯燾共二案著每案罰俸六個月申啓

賢著罰俸三個月二員係本任花杰著銷去錢粮紀録一次仍罰俸二年

亦未報調任卸事日期此先出前一條之式也共五案本尾為合計之如此餘依議　十二年十二月初十日

八項入官房地等項旂租核覆

莫瞻菉吳熊光張若渟俱二十一案著每案於現任内罰俸一年閻泰和

共三十二案著每案降俸二級又五案著案罰俸三個月全保共四十四

案著每案於現任内罰俸一年

六年冬季旂租考成　增

那彦成著於現任内罰俸一年鄂山著銷去錢粮紀録一次仍罰俸六

户部单簽　錢粮處叙

罰俸俟補

嘗催大員罰俸，遇有展緩另起限者，減等。照連犯被隣境拿獲例。

個月楊遇春罰俸三個月之處著註冊俟事竣後補行罰俸餘依議

○○○○那○○等議處，道光六年十月二十一日題，戶部○等增

周錫章著罰俸三個月本罰六個月，減等。楊健著罰俸一個月本三個月，減等。餘依議

湖北黃岡等縣帶徵四年分展緩地丁銀兩已未完考成核覆，十年五月十八日。

吳光悅著罰俸六個月富呢揚阿著於現任內罰俸一年韓文綺著於補官日罰俸一年餘依議十年十一月十八日。

戴宗沅著銷去錢糧紀錄一次軍功紀錄一次免其罰俸仍給還尋常紀錄一次餘依議十年十一月十八日。

劉彬士共三案其二案著每案罰俸三個月又一案著罰俸六個月餘依本內三個月在兩頭，六個月在中間，茲易其序。

大員丁憂罰俸本內無
補官字者照此與後條
酌票
九年五月初七日錢粮處
分本內前任浙江布政使
富呢揚阿罰俸六個月又
聲敘該員丁憂起復調
補布政使其應議結之處
俟查覆到日再核仍先
將其罰俸六個月票出
成甫云不票出式專為大
員丁憂者定且云此非舊
式非定式乃予因事自定
者也
大員調任後有前任處分
者本內即無現任字樣
亦照票不用現任內字易云

議

本七年錢粮處分一案一案內有月折、本折、脚價等、分別本內處離任官、分案計算是以用三案字。劉已來京候補京堂本內無補官日字樣是以渾票本尾有覆奏到日再行核辦云云。易○○云先票已出之處分。十年十一月二十九日

楊國楨著罰俸六個月程祖洛著罰俸三個月餘依議

河南七年分丁耗銀兩、已未完數目核覆、考成分數四字照本。本內有大員罰俸或道以下官降革並說者宜用

此四字、與簽相應、

本內先出二人處分、又聲明楊國楨已陞巡撫程祖洛現經丁憂、俟另案議結八年十月票

此等本二次前一次大員出名易○定以另案乃議結此次應先票明後一次只票依議以俟另案

議結此次可不票出且丁憂大員罰俸楊○○定碍難進○呈也○九年十一月十三日楊○○云俟覆奏

到再核者出名不出名俱可若大員丁憂日罰俸本內無俟補官日字者可不票出。如前後兩

次處分不可照此式

史譜吳廷琛王楚堂停陞督催之案俱准其開復餘依議大員停升處分不出名至開復却出名

戶部单簽　處敘○開復

十一年四月二十八日
丁憂大員罰俸、本内不敘出丁憂者、撤如敘出處分又敘出丁憂後覆叅議結者雖無補官日字、亦照票擬定。十五年六月二十四日、前任浙江布政使程喬釆一本

兵部溢案本、二叅卸事再罰俸二年。又照此大畧。十五年十月廿日

雲南鶴慶州、續完公耗銀兩、初二三叅停陞督催各職名、准開復、

本内先聲明史已經丁憂、吳巳奉旨以四品京堂用。又經告病、俱俟補官、罰俸一年完結、敘至續完後、吏部聲敘三人停升督催之案、准其開復云云。王楚堂俸已罰過、史起復後、放陝西布政使、俸已罰、不可云開復、吳雖告病、開復字不妨加、成甫云、此等只以照本為妥。八年十二月初八日、

盛泰停陞督催之案准其開復餘依議　有添。。。准其開復註冊句式、。注增

。。省。徵丁耗銀兩全完核覆、

依議

蘇松常熟等縣、未完錢粮核覆、　。十二年十二月十六日雲亭本

本内陳鑾原任粮道、今升藩司、罰俸六月、應出名、以本内敘　前經將陳鑾議以罰俸六個月、其議結之處、俟復叅聲明卸事日期再議在案、今據聲明限外卸事、應令該員完繳罰銀、再行查銷、或後任全完解、後再題開復云云、是陳鑾罰俸六月、前已題本、是以不用先出前條之式、只票依議

祝○○云有照例字乃盡處分向不出名、

錢粮處分、大員降職俸出名、降級不出名、（本内有照例字）其戴罪云云歸餘依議。顏○○式同。十四年十月十二日記、舊式大員降職俸不出名、記吏部條、

户部单簽

大員罰俸處分前題過者不出名

近聞易〻云大員處分查銷開復俱不出名

此又不拘實罰在前現罰次之〻式易〻當論時之前後

合前楊程處分一條酌看大員丁憂查覆未到者有不票照票添票三説似以照票為穩

〇〇等准其開復

〇〇等〇〇〇〇等案議處准開復　案由不同酌用此式〇增

程祖洛著於補官日罰俸一年楊國楨著罰俸三個月又一案　此兩案各處也如一

案再處不用此句

著罰俸一年餘依議

豫省歸德府屬應徵〇年分丁耗銀兩已未完數目核覆　〇九年七月初三日虞門揵

陸言程祖洛俱丁憂本内聲敘陸言罰俸六個月程祖洛著於補官日罰俸一年完結陸言應如何議結之處俟查明何時離任題覆到日吏部再行核議易〻云二人同丁憂一票補官日罰俸一票罰俸六月既丁憂有何俸可罰且兩員相形參差不一碍難進〇呈應票陸言著於補官日罰俸六個月方與程祖洛著於補官日云云畫一後以於陸下硬添補官日字與本内查覆到日再核不符乃將陸之處分歸餘依議不明票出此又用前條程祖洛丁憂罰俸成甫〇〇不票出之式矣〇梁前輩云罰俸論参限如初参限内離任則於補官日罰俸一年完結如二三四参限内離任則初二三参罰俸之處與補官日罰俸一年完結處分並科然則查覆未到不知於〇参限内離任不得徑票於補官日罰俸〇月也

應出名。如已降至道員下，則不出。

續完督催條丁等銀之雲南布政使陳孝昇等原㕘准開復

甘肅督催地丁銀兩限滿未完之前任布政使楊○○等議處

此等大員照例降級帯罪督催，只票依議，不出名。

殺虎口稅差著○○○去張家口稅差著○○○去　近式

殺虎張家口監督開列請○○點。兩差並○○簡式。乾隆五十八年十二月二十三日。注增

正監督著○○○補授副監督著○○○補授餘依議。補

盛京內倉正監督期滿更換。○空名簽。此件向例隨本引○○見。注增。亦有单票正副監督者崇文門監督同。又增

户部单簽

左右翼監督著○○○去餘依議　乾隆六十年十二月○○內改○注增

左右翼監督、開列請○○簡、○補

左翼監督著○○○去右翼監督著○○○去餘依議

又式、○增

八年九月初八日本內開列各職名、并有請○○簡字樣○空名、簽有名单、京內崇文門左右翼係清文特記○成甫○○云此件有上三次○○簡放名单、無開列名单○增

寶泉局監督著○○○去

管理茶馬事務著○○○去餘依議

這差著○○○去餘依議

各關及左右翼打箭爐奉天牛馬稅山海關殺虎口張家口崇文門監督、

俱空名簽。有名單。增

著○○○管理中江税務餘依議　先出名

管理中江税務、開列請○○點、有名单○空名簽

進本日、批本處交片傳該部於次日帶領引○見○增

著管理坐粮廳事務餘依議　先出名

坐粮廳員缺請○○點、○此件近係引○○見補放○增

著○○○監看

請貟兑看傾銷銀両○增

傅恒著再留一年餘依議

兼管監督大臣○○、御門政簽○增

乾隆二年、晏斯盛條奏、臨時具奏、請○旨遵行、

阜寧等十六州縣緩徵漕粮著照該撫等所請速行　乾隆八年九月十六日、

宣城等縣應徵本年漕糧漕項著照該撫所請速行　乾隆八年十一月、

江浦等二十一州縣衛應徵本年漕粮漕項等項銀米并舊欠錢粮俱著照該撫所請速行　乾隆十年十月、

被灾請蠲　請緩○與例相符○本内雖有可否請○○旨字樣因係灾荒不票準簽○　增

山阜等七縣衛蠲餘銀米等著一併豁免

被灾請蠲　本内山阜等縣衛蠲餘各數與山陽等州縣事屬一例、查山陽等州縣蠲餘銀米已經豁免是以本内雖有可否字樣不票準簽○乾隆九年六月二十日○增

永利等場縣被灾灶地應徵銀兩著一體蠲免餘依議

被灾灶地與民地一例蠲免、　乾隆十年五月初二日、

户部单签　被灾蠲緩○特恩豁免

依議速行式録於
前

近日本内並無可否字様俱票依議速行。增

這民欠地丁。。。。等項銀兩著一併豁免爾部定議具奏

特。。恩豁免錢糧

差務有人滿官滿之辨人與官俱滿則用單簽載於前頁亦有雙請者上一條是也此條乃綿仲接管未滿一年是以兩請共有三式人與官俱滿單請一也雙請二也有一層未滿雙請三也十年六月二十五日易○定鄭○簽云此條再詳以下兩新記閱期本任云云為定二層

雙簽

這差著照例開列請旨

○○關稅務仍著○○○接管　原票管理近改接管○如兼理則票兼理○後注增

關差期滿兩請　應寫請○○旨○乾隆四十九年九月初一日四十一年二月二十日○淮安鳳陽九江粵海仝　閱期已滿本任未滿

這差綿仲不必接管著照例開列請旨

閱期未滿○十四年七月二十九日

這差仍著綿仲接管俟扣足本任扣滿一年再行更換　扣足本任、扣滿等字照本○有不票扣滿云云者○後注增○本任已滿

○○稅務未滿一年應否更換請○○旨　嘉慶五年七月初九日○道光四年七月十四日

張家口監督蒞任未滿一年應否更換請○○旨　十四年七月二十八日本

户部雙簽

揚關瓜閘稅務仍著。。。帶管

揚關瓜閘稅務。。。不必帶管

備式。。乾隆六年八月十七日準泰一本。。增

種地兵丁應扣餉銀著寬期十二季扣還

種地兵丁應扣餉銀著照例扣還

種地兵丁借支銀兩。乾隆九年五月十三日。。增

。。。照例治罪

。。。免其治罪

准豁免應否治罪請。。旨。按舊式依議裝頭今應移於簽尾。。增

此項兵丁借支銀兩著加恩免其扣還

此項兵丁借支銀兩著照例扣還

出師兵丁借支銀兩。增

○○等長支銀粮等項免其追繳

○○等長支借支銀粮等項仍著追繳

伴送夷使進藏、中途病故叅領○○○等、長支銀粮可否免追。增

此項追賠銀兩准其寬免

此項追賠銀兩不准寬免

已故恩縣令任鍾岳、應追分賠銀兩、無力完繳、照例題豁、請○旨、六年三月二十三日。增

户部雙簽

名下追出產物著加恩給還

名下追出產物不必給還

備式。增

應追入官人參准其寬免

應追入官人參不准寬免

備式。增。原式依議裝頭依議下加其字

軍營所有節年倒斃馬駝等項准予免賠

軍營所有節年倒斃馬駝等項不准免賠

備式。乾隆二年十月十九日。增。又式照例賠補。免其賠補。增。舊式依議裝頭

承辦參務之該將軍官員等著交部察議

承辦參務之該將軍官員等免其交部

拖欠參折銀兩、乾隆十九年八月十五日。增

○○准其再予陞用

○○不准再予陞用

備式、乾隆四十年十二月十七日。增

○○名下報出旂地准其給還

○○名下報出旂地不准給還

完平等州縣、未完地畝銀兩准銷、案任之勤報出旂地、應否給還請旨。乾隆 增。

户部雙簽

十年七月初五日、

海晏等場溶化盐斤准其豁免

海晏等場溶化盐斤不准豁免

盐場被水。○增。○乾隆十一年二月十六日、

蕭山等縣應徵漕項錢粮准其蠲緩

蕭山等縣應徵漕項錢粮不准蠲緩

備式。○按與例未符、速請。○與例相符、票依議速行單簽。○增

依議速行

依議速行。○等縣應徵蘆課錢粮著加恩寬免

議覆南昌等州縣被災分别賑䘏等因、

本内聲明蘆課錢粮向來並無蠲緩、可否、夾簽候旨定。增

户部雙簽

本中處分、非止一人、依議者、全依云也、祝。。云論事則第二簽、仍應依議在前、下接其因云云、然沿用此式、不可改也。十二年十二月十八日。

十三年二月十九日、福建安溪令張瀚、未完九年塩課降調、已另案革職、票依議、本皮出議處字、易。。謂不似、户部本改為候覆、

雙簽說帖

依議

此案因經徵。。銀兩原欠四分以上年限內不全完議以革職之。。著該督撫出具考語送部引見再降諭旨餘依議 近雙簽第二支、無依議裝頭者、

浙江省經徵漕項錢粮、逾限未完各官議處、

江西德化等縣、經徵餘租銀兩、五叅限滿未完各職名議覆、

浙江省經徵白粮項下六分銀兩、三叅未完各職名議復、

山東省經徵摘徵耗羨銀兩、二次限滿、已未完各職名議覆、

山東省經徵地丁等項銀兩、二次限滿、未完各職議覆、

户部雙簽說帖

○○省經徵○年分○○錢粮○○未完之○○令○○○議處

江蘇省額徵津貼銀兩已未完各数核覆

查本内議以降○級調用／革職之○○○縣知縣○○係因公議處之案是以臣等

照例票擬雙簽進○呈伏候○○欽定

户部會吏兵等部則票該將軍該漕督出具考語云云○增○各部同○照酌○如降級調用

簽内只寫降級用云云

依議

此案因接徵耗羨銀兩未完七分以上議以革職之○○俟服闋之日該

部帶領引見再降諭旨餘依議

丁憂／告病人員錢粮處分　終養同○服闋病痊赴補等字酌用

查本内議以革職之前任。。令。。前署。。令。。俱係因公議處之案例票

雙簽再查。。。業因親老回旗。。。業經丁憂是以臣等擬寫俱俟赴

補之日該部帶領引見字樣進。呈伏候。欽定。。旗字下有另行補用四字。改官升官後前任處

分須於該部帶領内酌量詳吏部雙簽條中

依議

此案因經徵。。銀兩原欠一分以上年限内不全完議以革職之。。。著仍

照前旨送部引見再降諭旨餘依議

另案降調人員錢糧處分　陞任人員詳吏部雙簽條

查本内議以補官日再降四級用因無級可降應行革職之前黃陂

户部雙簽説帖

戶會吏之本無夾簽
惟革職降調有夾片
無則撤另案不同錢
粮部又無夾片詳之

縣知縣彭斌係因公議處之案例票雙簽再查該員業經另案
降調奉旨送部引見欽遵在案是以臣等票擬仍照前旨簽進
呈伏候欽定

邱庭瀧著於現任內罰俸一年瑚畐禮著罰俸三個月餘依議
邱庭瀧著於現任內罰俸一年瑚畐禮著罰俸三個月其因錢粮未完
六分以上議以革職之旨著該督撫出具考語送部引見再降諭旨
餘依議

州縣錢粮處分革職亦票雙簽其革乃虛革也本内必有夾片無則應撤補如前因錢粮處分降調亦必有夾片聲敘前旨則應票仍照前旨云云十二年十二月初十日一本前畐黎調邢臺令張汝敦應降八級無級可降可抵應行革職又稱另案降調未經聲敘案內又無夾片子意撤之易云另案想因邪教案降調可入餘依議中留堔

8云户、會吏無单簽說帖式以錢粮處皆雙請也、

錢粮遲限不完各員議處

查本内議以革職之。。。係因、公議處之案、是以臣等照例票擬雙簽

去例票雙簽句避複、進。呈伏候。。欽定、

簽内有大員罰俸說帖内不須聲明、如有大員降、革則須聲明係大員不票雙簽云云。○十二年十二月十一日記、

依議

此案因銷引未完四分議以本内寫於字、補官日降調渾說。、說帖分析之榮保、著此字有於候字上不加者、

以加為妥。候服闋應補之日該部帶領引見再降諭旨餘本内各州縣罰抵、依議

事由照本、

兩淮本内寫淮南北。綱食各岸銷盐分数、片一。八年十一月二十八日、

查本内議以補官日降二級調用之前任安徽和州直隷州三字莫省。知州

補官字、莫以後有再查字、畧去

榮保、詳級詳官、去事由與簽互見係因、公議、處之案、例票雙簽、再查該員莫寫名隨酌、

户部雙簽說帖

準說中變文

業經丁憂、是以臣等擬寫俟服闋旂員百日脫孝當差同、應補多寫赴補、應字更渾之日、

該部帶領引見此字帖內應抬、以向例順寫下、簽有寫字樣二字者、進呈伏候欽定、

外任旂員丁憂回旂百日脫孝挿班引見予以京職、三年服滿、仍予外任、此本榮保、本內未聲明回旂另行補用、必在該省未回、是以票應補字為宜、若漢員則赴部赴補等字俱可、

著罰俸六個月其因督催未完議以降級用之仍照前旨著該督

撫出具考語送部引見昨據奏稱年逾不能稱職著照部議

降三級調用

備簽、乾隆十三年十二月初九日、阿思哈等一本。增

依議

今年進到貂皮雖不及等第但既已足數著照舊減半賞給　說帖引○諭

旨、索倫進貢貂皮事宜、八年十一月初九日一本、無夾片、照成甫○○所記新式只票依議、

查歷年索倫進到貂皮不及等第之處部議、無庸賞給、俱奉○恩

旨、今年進到貂皮、雖不及等第、但既已足數、著減半賞、給、欽此欽

遵在案、今據戶部、夾片、聲明、前來是以臣等擬寫依議、及減半賞

給雙簽○進○呈伏候○○欽定、

戶部雙簽說帖

易。云、萬壽千秋。無用、依議簽者。惟正旬、萬壽千秋止用筵宴单簽。十四年七月初一日、

禮部　吏部戶兵工本本面多寫出某省。刑禮本省文。

單簽

依議

。皇后親蠶禮儀、　親蚕、躬桑、獻繭、繅絲、陪祭福晋、命婦云云。十五年二月二十日、

萬壽期朝服辦事七日不理刑名。　。增

皇后親蠶禮儀、　九年三月初九日、

請給冊封事宜、　八年十二月十一日。本內聲敘自王福晋以下詳悉開列候。命下舉行。　冊封典禮令各衙門備辦。五年一彙題

親蠶告竣、絲斤恭交織造局。　。增　。收貯絲斤。　。增

八月初一日日食救護事宜。　。月食同、

禮部单簽

冊封寶典。增。應授郡君鄉君等項。應請襲封追封封授等項。俱增

五世同堂壽民。等。准。旌。

百歲壽婦黄氏准。旌。

陣亡副將韓。加等給與祭塟銀両等因

節孝准。旌。增

被誣羞忿自盡之李素貞。准。旌等因

捐銀助賑。數至一千両以上之湖南。縣從九品職銜劉。准。旌。

經筵日期。增

經筵進儀注。增。詣學儀注。增

後有殿試日期請旨式。

耕耤進儀注。增

耕耤賞耆老布疋、增

耕耤日期事宜具題、增　預題、

耤稻莶納神倉、增

殿試日期、增

揭曉次日行禮、增

殿試筵宴事宜、增。領侍衛大臣奏派監試、讀卷大臣供饌、貢士茶水、讀卷、進呈、引見、傳臚、張榜、送歸、賜宴、賜物、謝恩、釋褐、重赴宴一人等事、不止筵宴。十二年四月初九日、

讀卷傳經應辦事宜。增

八年、有票知道了。式載後頁、以票依議爲是。

進試録事宜。增

傳臚進儀注。增

新進士建立題名碑。增

新進士咨送吏部。增

會試外場等官臨場密題。增

會試廣額分中數目、俟考畢定。增

六日進場各官筵宴事宜。增

會試同考官行禮後筵宴。增

題明南北兩籍。均應迴避各員。增

無議處者。票知道
了。

請慶賀表式、

賞給卓異各官、。應准給賞、。俱增

賞給外藩緞疋等項、。各項准銷、。俱增

外藩（朝鮮仝）奏事禮物准作年貢、。增。後有朝鮮禮物、准作年貢式、添单併發句、

頒發外藩時憲書、。增

外藩禮物、交内務府收、。增

朝鮮補進禮物數符、。增

天文生送順天府鄉試、進各省鄉試録本尾考官、有議處字樣。俱增

准移歲作科、。增

禮部单簽

各。。。陵建碑、。增

科場條例事宜、。科場夾帶治罪、。俱增

遣官祭海瀆等神、。增

哈密等處致祭、。增

關帝銀兩請。核、。增

琉球國世孫尚溫准襲、。增。彙題世襲。有单。槩出。式在後頁。

承襲五經博士、。增

朝鮮國咨送漂民議覆、。增。漂至朝鮮照例發回本處、。增

琉球國世孫尚溫應俟請封到日、再照例辦理、。增

時下少憲字　下六行

行、聖公咨送、亦入吏部禮部乃。本條

查無舊式、票依議祝。加单併發

琉球等國准入貢、。增

覆准題報優劣、。刊刻試卷、。俱增

准襲五經博士、九年五月初十日。曾紀瑚、拔貢生、部試、文理通順。原襲曾紀璉、以、私罪、褫革、其子曾。。不准承襲、改襲二支、曾紀瑚、乃曾紀璉堂兄

浙江茅山廟神請。。賜封號、。侯。。命下内閣撰擬進呈、。九年七月初三日、

安徽宋季寧國令趙與　等、准入祀忠義祠、九年九月二十八日、

朝鮮國、差領時書之齎咨官等、賞給銀兩各事宜、尚有筵宴一次。十年十月十七日、

寧古塔等處人往朝鮮交易照例請派員監視　十一年九月初一日、

祭祀。。先蠶日期預題。十二年十一月初九日、。本内稱或。。皇后親祭、或遣代朿年二月、再另本題

外。。藩。福晋夫人等、彙封各事宜、五年一題。十四年十二月十五日、

禮部单簽

換給印信　原載吏部條

預題封開印信日期

議覆條奏事宜

朝鮮交易事宜

強姦不從被殺之黃氏准○旌　十四年三月二十二日進

烈婦王氏准○旌等因

年終彙題各省八旗節婦○增

三品以上大員之父母妻室未屆百齡五世同堂准○旌請○○旨

禮部單簽

加賞、

本內令該省督撫照例賞給銀緞外。應請。旨加賞緞一疋、銀十兩、其匾額字樣。行文內閣另行撰擬。只票依議。二十四年六月初一日、萬承風之母余氏一本、二十五年七月十八日、布政使李長森之繼母陳氏一本。

磨勘試卷、

大員覆勘後。第二百名覆議。以添改過百字。應議。奏明交部辦理。禮部議以覆謙停。科受卷官罰。俸。原擬票。於本。面。後改。從部文

司員試俸年滿、

知道了

殿試貢士數目、增

進二三場題目、繙繹鄉會試進題目仝、○十六年四月十六日、繙譯會試題目一本、

進各省鄉試録、十三年三月一日、○共十五省、除直隷、

進登科録、○增

放差應迴避人員、八年八月初四日、○順天鄉試同考官應迴避各員扣除

恭繳黄榜、○增

進會試題名録　會試録、注增

揭曉日期、○增

禮部单簽

陛殿受賀日期、增 ○○舉人○○○准重赴鹿鳴宴、

彙題一產三男、○增

知道了祀冊留覽 專條

壇廟齋戒祭祀日期、○增○部本、於正月開印日、預題次年祭期、命下、欽天監纂入憲書、圖記、進呈、再行知太常、至期預題、○十一年正月廿日進、 二字平擡寫、

知道了單併發

彙題各省遵改題咨事件、○增

彙題各省○○旌表各案

知道了冊留覽　增

改鑄金寶印信用過數目

鑄印金銀數符

會試等項銀兩奏銷

依議摺併發。增

西洋進貢賞賜事宜

依議單併發

禮部单簽

朝鮮奏事禮物准作年貢。增

稟題承襲世職。有單禀出。增

依議冊留覽

筵宴牛羊等項數符。增

十五年十月初九日、加皇太后徽號、本内稱、初八日、皇上御中和殿閲奏書、詣皇太后宫行禮、初九日、太和殿閲册寶、詣宫行禮、百官隨行禮成、初十日、皇上御太和殿慶賀頒詔、云云。

是依議

加上　皇太后徽號應行禮儀　用此式　十四年、查照八年舊式、即此式、十五年、又

崇上徽號各事宜、增抄

一應陵寢事宜、陵寢歲修錢粮題銷、票知道了冊留覽、歸工部、

大祀、

冊封太妃太嬪、增抄

上尊謚尊號

實録告成頒賞、增抄

進玉牒儀注

禮部單簽　禮部會吏刑二部本一

易。。復片云、此本如此敘法自應票依議二字妥當。戮屍雖向例票出、但禮部主稿題本從無有戮屍簽樣、則依議可以包括。不必生疑。

如禮部將吏刑二部所議除、閑、則不須疑、如本內敘法、直三部同題平列、是以可疑。如盧興帮不死直擬斬梟、吏部處分、如有大員應如何票。十三日、曾。。云、若如此、則吏刑二部必

躬詣闕里、

祭告頒。。詔、

安奉地宮及升祔禮儀。增抄

修飾。。。神主、

以上各本。黃本。紅裹。或黃本。黃裹。摺、簽與本色同

依議

廣西被夫叔盧興帮、强姦不從、致經勒斃之黃氏准。。旌等因

。原題請。。旌在後、請吏部處分審解遲延縣令郭道生張顯相罰俸在中、請刑部將盧興帮擬戮屍梟示（本擬斬梟以病故戮屍）在前、禮部題准。。旌在前、再用該撫疏稱云云接刑部出語、應如所請辦理在中、又用再該撫疏稱云云、接吏部處分在後、吳。。票依議予疑单照禮部票則不括、兼照三部票則須出盧興帮戮屍等字、又不倫、遂用依議該之。十

另題。按刑會吏之本，後及大員處分，亦不另題。

三年四月十一日。

是照例行禮筵宴餘依議

乾隆六年下単簽，道光五年用単簽。舊式票复簽，正慶之年，則用単簽。本内稱太后儀駕樂懸全設，皇上進表行禮，成官随行禮成，内庭主位公主暨福晋命婦行禮成，皇子行禮，在太后宮筵宴，百官自十月一日至十五日蟒袍云云

皇太后正。旬。大。慶。聖節

十五年九月進　禮儀

祝。式有正。旬。大。慶。之年。元旦，亦用単簽加説帖之式　查酌。似仍用三簽亦妥

禮部単簽

十五年五月二十九日、雲貴考官簽、易。去省字、雲貴二省簽中連寫下、

河南正考官著○○○去副考官著○○○去、餘依議 末句。照本。順天無餘依儀句。按會試。及順天鄉試用遣○○為式俱無餘依議句。

各省鄉試正副考官請○○簡點、

遣○○為滿洲繙譯正考官、○○○為副考官、○○○為蒙古繙譯主考官 皆一員。增。甲午科、蒙古派二員、巳彥達賴文德和、

繙繹鄉試、會試同、滿蒙正副主考官請○○點、 本尾有宣旨後即行入場云云、照舊式、無餘依議。単三、滿一。蒙一。比較単一、

這考試著○○○去、○○○著協同校閱、 增。原入吏部、

考試繙譯生童、 乾隆四十年、十月二十四日、

這考試著○○○去、

歲試八旂滿洲蒙古漢軍繙譯生童

禮部単簽

會試年、正副考官同考
官內簾內場監試官收
掌等外簾官禮部四
本督理稽察官兵部一
本、俱於三月初四日送
閱初五日進呈、
正副考官請簡本
舊只夾上三科會試
考官銜名单、嘉慶十
二年六月諭添上三
科鄉試考官銜名单、
道光五年八月諭自
明年會試為始、如有
不應開列、及應行扣
除人員、俱另為一单、
於具題正副考官同
考官本內進呈、以便
披閱、
按、正副考官本內不應開
列者、考差九卿、應扣者、
不願考試、考差現差、奏
准開列、現差、上三科二单
不開應扣一单自大學士至
副憲開列一单共四单
同考官本內不應開列者
部伍京堂、應扣者、放道
府、各差、事故、各衙門送

遣為正考官為副考官 四人、有公因未與、欽試奏准開列者注、己丑五人、會試 順天鄉試同

知貢舉著去

這同考官著去 十八人、升銜注、上年差注、會試順天鄉試同、单三南北各一例不開列 應行扣除共一

這滿洲繙譯同考官著四人去蒙古繙譯同考官著二人去 鄉會同、增

這收卷受卷 收掌試卷 彌封等所官著有圈的去、餘依議 無此三字、如有先出閣字樣則用之、单一二十三 人、单開三十人、己丑只二十七人、鄉會繙譯鄉會同

內簾監試著去內場監試 本內稱至入號巡查著 公堂監試著去 上各二人下四 人共十人 餘依議 出闈先後、单一 人數照本、此未確

會試內簾 場監試官開列請點 會試、順天鄉試同、或添入號巡查席著去一句照本 十四 十五年繙譯鄉試皆用此式

著提調 一員、增、十五年二月十八日、繙譯會試、禮部將司員擬定正陪、請派提調用此式

到○應通行開列職名○單○吏部送到考○差○員名一單○共三○單○

著於○○日殿試○○日傳臚餘依議

前依議係中○有殿試日期係○

殿試傳臚日期請○○旨

著點者讀卷

殿試讀卷官請旨點

這執事官著點者去

殿試執事官請○○點

這考試著○○○○搜檢

考繙譯

搜檢請派王大臣

增○四十年十月二十五四日進○密○封○二十六日交該部領去○增○原入吏部○

禮部單簽

協閱、今不票矣。今本內、亦無協閱句。十四年六月二十九日、

御史四員、二員入內簾監試、二員至公堂監試、即点名、卻止〔後二員〕票点名、未愜。可。十四年六月二十九日、添可字、

這考試滿洲繙譯著〇〇〇二員去〇〇〇著協同校閱〇四人考試蒙古繙譯著〇〇〇一人去

十四年、派三員、在人數多、又道光八年諭、先將人數奏名酌派、

考試滿蒙繙譯生童、前有著〇〇去二式、酌用。本尾、有宣旨後、即行入場句、舊式、無餘依議。十五年六月二十四日、

著〇〇〇〇監試著〇〇〇〇點名

考試繙譯錄科監試點名官、請〇〇點、十二年六月二十九日。都察院本附此、

這會試滿洲取中〇〇名蒙古取中〇〇名漢軍取中〇〇名奉天取中〇〇名

山東取中〇〇名山西取中〇〇名河南取中〇〇名陝甘取中〇〇名安徽取中〇〇

名江蘇取中〇〇名浙江取中〇〇名江西取中〇〇名湖北取中〇〇名湖南取

中〇〇名福建取中〇〇名四川取中〇〇名廣東取中〇〇名廣西取中〇〇名

貴州取中〇〇名雲南取中〇〇名

〇增

遺改遺第六行

○○科會試請中額、○臺灣人數卷數、或有或無、雲貴二省次第、或前或後、俱照夾单。○本內単二、前三科比照単一、本科實在卷數単一、○臺灣卷數、丙戌単有、已丑単無、盖因人數多少、或单列、或附入福建也。○已丑三月二十日進本記、

這繙譯會試滿洲取中○名、蒙古取中○名

蒙古不足額不票。単票滿洲簽。嘉慶十四年四月十八日。增

遺○○為滿洲繙譯正考官○○為副考官○○為蒙古繙譯主考官

十五年四月十一日、繙譯會試四本

繙譯會試正副考官開列請○點

未七名宗室無考者遵例不題派考官

嘉慶十四年、由蒙古七八人方准考試。道光八年、由裁撤同考官。○本尾稱午門宣旨後、即入場云云

不入餘依議

內簾監試著○○○○○二人去內場監試著○○○○○二人去入號巡察著○○○○○○○○四人去餘依議

繙譯會試監試官、開列請○點、

単一、滿漢共一単

禮部単簽

本内稱内簾監試滿漢各一人、至公堂監試、（簽内寫内場、）各一人、入號巡察滿二人漢二人、共八人。磚門棘牆

巡察、於文會試派出各員留半。巡察御史、試畢先出闈、有餘依議、

這收掌試卷等所官著有圈的去餘依議

繙譯會試收掌等官、開列請○點、单一（主事、署丞、評事等官開列、）

本内稱收掌官二員。受卷官二員。彌封官一員本尾有入場掣籤分所任事有餘依議

這場内有督理稽察著左翼副都統○○○一人右翼副都統○○一人去餘依議

繙譯會試入場督察官、開列請○派　单三、各一、比照一。左右無单

本内稱入場弾壓、不票、本尾云、揭曉後一日入場督理稽察、照票。本内有都統自帶糸領章京、入餘依議、

内簾監試著○○○○去内場監試著○○○○去入號巡察（本内用察字、舊簽用查字、改察字、）著○○○○○○○○去餘依議

月十二日請○旨事

恭照本內年八月初十日。皇上萬壽聖節、現由禮部繕本具題應行典禮事宜、並夾片奏稱本年慶賀筵宴禮儀及內外臣工、賀。表、應穿蟒袍補服日期、自應詳查例案奏明遵辦、惟檢查乾隆十三年事例及會典則例、均未詳載、所有本年一切典禮未能抵　伏候。訓示遵行、等因到閣、臣等當即恭查乾隆十三年閏七月十三日題下。紅本內稱恭請行禮之處、與此本禮儀大畧相同、惟筵宴一節、請。旨停止、當經恭奉。諭旨奉。皇太后懿旨停止行禮筵宴欽此、欽遵在案、今禮部既未檢出乾隆年間例案、自應遵奉乾隆年間。紅本。諭旨票擬、是以臣等祇票停止行禮筵宴单簽進。呈、至禮部所稱賀。表應穿蟒袍補服日期、伏候。訓示遵

禮部单簽

吳云、應用三簽式、予意
應用二簽式、一照例行礼
停止筵宴、一即此簽、祝
云表章衣服、不應請旨
以内閣係擬旨衙門、與礼
部不同、第一簽二簽、俱可
照紅本票、而衣服表章二
條用双請、初四日奉旨、
本年八月初十日、著停止行
礼筵宴、王公百官、俱著穿
蟒袍補服一日

行之處、相應請旨訓示遵辦、謹奏

萬壽禮儀、向票雙簽、乾隆十三年閏七月十三日百日外卅簽票擬、因本内有筵宴之處、應行停止語、祇

票照例行禮停止筵宴單簽、祝記式道光十三年七月初二日、禮部題本夾片内、稱慶賀筵宴賀表衣

服、應停止改換與否之處、查成案及會典、俱未詳載、請旨訓示、擬照舊式、祝本、票擬、及查出紅本旨

意、乃奉皇太后旨懿旨停止行禮筵宴二句、與祝所記不同、不知何故、乃照紅本票寫單簽加說帖

易定

本年八月初十日著停止行禮筵宴王公百官俱著穿蟒袍補服一日　十三年七月初二日改簽

十四年七月初十日、沈。本。

雙簽

照例行禮筵宴餘依議

照例行禮停止筵宴餘依議

元旦。令節禮儀請。旨　二十二年元旦。二十一年十二月初一日進本。注增

萬壽千秋進禮儀、行禮。筵宴。・注增　二十一年、。萬壽聖節、。千秋令節、俱如此票擬。二十三年同。

本内無請停筵宴之處字樣、部票雙簽。惟正旬萬壽。千秋。只用簽一枝。行禮。筵宴。一簽。

十五年七月初十日一本。照票。本内先敘。皇上具龍袍袞服、詣。。。皇太后行禮、顔。式有因此加是字式、次

請。皇上御正大光明殿、王公等行禮、次御内殿。。皇后率主位行禮、次筵宴、次慶賀表文、禮部

司官捧交内閣、次除初九十一、仍穿素服、初七八十、十二、三、四、五、朝服入朝、蟒袍補服辦事、不理

刑名云云。禮儀事、

照例行禮餘依議

禮部雙簽

今年冬至次日著停止行禮　二十一年十一月初四日、冬至、十一月初七日進本

冬至令節禮儀請。。旨、　二十二年冬至。注增。冬至例三簽、此叓簽、另有因、

是照例行禮筵宴餘依議

是照例行禮奉。。皇太后懿旨今年停上筵宴餘依議　道光三年九月十五日進。成甫。。記

。增

著致祭一次

不必致祭

原任貝勒衔貝子弘謙之嫡夫人馬佳氏病故應否致祭請。。旨、

十年四月十九日、福建節婦李鍾氏等、三十○名口、請援上元縣建總坊案、請旌准旌只票依議、以照例無容雙請也、大約此等只辦本中有可否字樣否與吏兵知縣守備以上等、降革、或不出名全也。十年四月二十日、記

原任禮部尚書達椿、應否與予謚、候○○定、

阮氏等著加恩旌表王氏等准其一體旌表　雙出名

阮氏等不必旌表

彙題節烈阮氏等、可否○○旌表請○○旨、

本內烈婦阮氏等雙請又本尾有殉死之妾王氏等、另行雙請第二簽內、不必票出王氏等。五年十月二十三日、

八年十二月初五日直隸文童妻王氏等五十○名口、又盧鏡妾陸氏等○○名口、俱係夫亡殉節本內先引各省本章、將各氏作換次總序、又將王氏等先敘一番、又將陸氏等另敘一番、分敘中各引奉歷○朝○○諭旨、有准旌、有不准旌之別、末歸雙請照此票簽、初　日下加恩一體、籤一簽

禮部雙簽

札思胡理氏等著加恩旌表周氏林氏准其一體旌表周氏林氏俱出与上式符異盖即人數酌量。增

札思胡理氏等不必旌表

皇后親詣行禮

遣妃恭代。二十三年進本、。增。按亦入太常寺等、

親蠶兩請、

三大節。元旦。冬至。

三年下第三簽。三年。本內。詣。皇后前行礼之處，改請。皇太后前，仍照例行禮。並未改請。嗣奉旨一併停止。三年十二月。

三簽

是照例行禮筵宴其（三年無此三字）在外福晉命婦著進內（三年作詣。皇后前，六年改進內字）行禮餘依議

是照例行禮奏。皇太后懿旨停止筵宴其在外福晉命婦著進內行禮餘依議

是照例行禮奏。皇太后懿旨停止筵宴其在外福晉命婦進內行禮之處並（三年簽內無並字）著停止餘依議

元旦令節禮儀請。旨

本內先敘。皇上主位公主皇子詣。太后前。皇上御太和殿百官進表行慶賀禮。於皇上前行禮。於皇后前行禮。初一日太和殿筵宴，初二日，皇后詣太后宮行慶賀筵宴禮，福晉命婦進內，改請。皇后前行禮一層，向係禮部專奏請。旨，道光三年十二月十三日，禮部堂官汪面奏。諭旨以後不必專奏，即於本內聲明。三年十二月初一日題本內，添在外福晉命婦應否詣。皇后前行禮一層。內閣回堂用三簽。六年十二月照本加其外三字。詣。皇后前改進內二字。

禮部单簽

道光二年十月初九
日、奉○○旨、禮部具題
請於冬至日行慶賀
禮、本年十月二十五日、
始滿二十七個月服制、
朕甫經釋服、若於冬
至次日御殿受賀、為
時甚近、朕心實有不
安、所有本年冬至行
禮、著即停止、於明歲照
例舉行、欽此。○道光三
年冬至遵○旨票是
照例行禮單簽。○本內
央○旨意庁○增

是照例行禮其在外福晋命婦著進內行禮餘依議

是照例行禮其在外福晋命婦進內行禮之處著停止餘依議

奉○○后太后懿旨今年冬至次日著停止行禮餘依議

冬至令節禮儀請○○旨、

道光五年下第二簽、次日軍機處奉○○旨、改下第三枝停止簽

是照例行禮筵宴其在外福晉命婦著進内行禮餘依議

是照例行禮奉。皇太后懿旨今年停止筵宴其在外福晉命婦著進

另行抬一格寫十二年閏九月初九日祝〻定

内行禮餘依議

是照例行禮奉。皇太后懿旨今年停止筵宴其在外福晉命婦進内

行禮之處並著停止餘依議

皇太后萬壽禮儀請〻旨

增　道光四年三簽。本尾福晉命婦應否進内行禮准請。注

本内係在綺春園行禮。仍票進内字樣。六年九月照此票於福晉命婦上加其在外三字

照例行禮筵宴其在外福晉命婦著進内行禮餘依議

照例行禮停止筵宴其在外福晉命婦著進内行禮餘依議

照例行禮停止筵宴其在外福晉命婦進内行禮之處並著停止

餘依議

道光四年五月十七日下此簽。本内在外福晉命婦應否在外行禮並是日。。皇后宮是否筵宴之處伏候。。命下。注增

皇后千秋禮儀請。。旨

五年四月十八日照本添其在外三字

本内聲明行禮儀注屆期另題。十一年四月二十一日記

道光十年閏四月下第三簽

道光十一年四月下第三簽。本内夾嘉慶間旨意单一件四月奉旨後此片不必夾進

朝鮮奏事禮物准作年貢。有票。依議单併發式。在单簽條。

單簽説帖

覽王奏賀知道了該部知道　朝鮮琉球同

覽王奏謝知道了該部知道　朝鮮琉球同

覽王奏賀謝進貢方物具見悃忱知道了該部知道　朝鮮賀謝表。附貢方物。方物表另繕并。進不票。附票賀謝表中。

覽王奏進方物知道了該部知道　琉球賀謝表。附另繕方物表。票此式。具見句與朝鮮稍別。

朝鮮賀表。萬壽聖節。冊立。上徽號。元旦。冬至。賀表。謝賞賜恩表。票副本。本面照副本原鐵寫增減酌寫。賀本謝本與方物本同進。方物本不票。賀謝本面寫。

賀表。謝表。小字旁寫方物表一道句於下。增

禮部單簽説帖

易云此等祇須敍清御前方物表於賀謝表中帶票其專本亦不票簽收本俱不票楊云此皆禮部移送向例卻作通本

謝表有無隨表票式

查朝鮮國王李玜恭進萬壽聖節元旦冬至賀表御前慶賀方物表各一道臣等謹照例擬簽其恭進皇后慶賀方物有狀無表謹照式錄出一同進呈又歲幣方物奏本一件照例收受陳奏方物奏本一件留抵下次正貢俱經禮部奏明奉旨遵行在案此三本臣等例不票簽合併聲明謹奏

朝鮮年貢表例不票簽其票簽皆奏賀奏謝進貢方物之表（方物表亦不票附票於賀謝表中故云票）其方物狀亦名隨表照式錄出進呈亦不票簽其進貢皇太后前又中宮前方物只有狀無表錄出進呈（亦不票簽）如年貢表同謝恩表（同賀表）進呈說帖內聲明年貢表（即歲幣陳奏本）例不票簽增注

查朝鮮國王李玜恭進

冊封世孫謝

恩表一道、謝賀表俱有隨進方物表即隨表也。票簽夾賀謝表副本内。

賜物謝

恩表二道、隨表方物表三件、謝賀表俱有隨表、此謝表三道。故隨表亦三件。業経禮部奏奉

諭旨、准其留抵、欽此欽遵在案、是以臣等遵

旨票寫准作下次正貢簽、即覽王奏謝。及以昭體恤等句簽。夾謝表副本内。又移准謝

恩表二道、謝上次方物准留抵正貢

賜食謝

恩表一道、上次賜使臣食、此三表無。隨表。方物表。臣等照例擬簽、即覽王奏謝、知道了等句簽。進

呈、其恭進

皇太后
皇后前方物、有狀無表、謹照式錄出、一併呈
覽、再各方物表。例不票簽。理合聲明、謹
奏、

嘉慶五年九月朝鮮國王李祘薨逝告訃表奉

旨朝鮮國王李祘奉藩二十餘年抒誠効貢恭謹罔愆因病薨逝深

為軫悼應行諭祭各事宜已有旨照例辦理這所奏知道了該部

知道欽此

請謚表方物表奉

旨這所奏著照例辦理已有旨了該署國事及莊順王妃奏進方物

准作下次正貢以昭體恤該部知道欽此

覽王奏遣使遠来進貢方物具見悃忱知道了該部知道

覽王奏遣使遠來進貢方物具見悃忱知道了該部知道

覽王奏賀進貢方物具見悃忱知道了該部知道

覽王奏謝知道了該部知道

查暹羅國王鄭福、進獻番字表文、漢字表文、各一道、臣等謹将漢

字表譯寫清字擬簽、進

呈、至金葉表俟

發下之日、知照禮部、祗領轉交內務府收貯、理合聲明、謹

奏、道光十二年正月二十四日

查朝鮮國王李玜、恭進

萬壽聖節

冬至令節、

元旦令節、慶賀表三道、隨表方物表三道、又護送漂民回國謝

恩表二道、臣等謹各照擬簽進

呈、其恭進

皇太后

皇后方物、有狀無表、臣等謹照式録出、一併呈

覽、再各方物表三道、及進貢奏本一道、俱例不票簽、理合聲明、謹

奏、

禮部單簽説帖

查南掌國王名蟒塔度腊、恭進慶賀

萬壽聖節蒲葉表文一道、又例貢蒲葉表文一道、臣等謹照譯出表

底兼繕寫清漢表文、並各擬簽、進

呈、理合聲明、謹

奏、

三大節、及特賀。歲幣、不票簽

外國賀表

查安南國王阮光纘、恭賀。。冊立。。皇后表文一道、臣等謹擬簽進。

呈理合聲明謹。奏、以上舊式、

覽王奏賀進貢方物具見悃忱知道了該部知道　補

道光十年正月二十日　李玹　奉　表事四道。隨表四在外

覽王奏謝知道了該部知道　補

正月二十日、　李玹　奉　表事　四道。無隨表專謝表四件

覽王奏謝進貢方物准作下次正貢以昭體恤該部知道　補

禮部単簽説帖

易云、無并隨表三件句、寫以賀表有隨表句則　句似應有或二句並去亦可以後有方物表七件

正月二十日、　李玜　奉　表事（三道、隨謝表、有方物表三件）

査朝鮮國王李玜、恭進。萬壽聖節。冬至令節。元旦令節及。頒詔

賀表。共四道。并隨表。（隨賀表）恭進方物表（只如禮单不票 票签賀表副本）四件（賀表四 隨表四）又。詔

書順付。一賜筆。二賜物。三及使臣叅宴。四使臣。賜克食。五副

使。賀賞銀兩。六驛送漂民回國。七謝。恩表共七道。并隨表

（隨謝表）恭進方物表（不票 票签 謝表副本）三件（謝表七 隨表三）臣等謹照例擬簽進。呈其

謝。恩方物三分。業經禮部。奏奉。諭旨。准抵下次正貢。欽此欽

遵在案。是以遵。旨票擬。准作下次正貢字樣。其恭進。皇太后。

皇后前。方物。有狀無表。謹照式録出。一併呈。覽再方物表七件

禮部單簽説帖

歲幣奏本一件例不票簽理合聲明謹奏 補

查朝鮮國王李玜恭進皇后冊謚賀表一道賜緞謝恩表一
道並隨表方物表二件臣等謹查照禮部奏准來文賀貢方物
賞收謝貢方物留抵之處分別擬簽其詔書順付謝恩及
兩次漂民出送謝恩表共三道一併照例擬簽進呈至恭進
皇太后前方物有狀無表謹照式録出呈覽再方物表例不
票簽理合聲明謹奏

此十四年四月二十八日票改易舊式更覺簡明
易改

查朝鮮國權署國事李負恭進冊立皇后暨加上皇太后徽
號賀表共二道方物表應另出又賜緞謝恩詔書順付冬至使臣賜

供物供改貢　二行

食謝表共四道。及隨表方物表四件。據禮部文移所有慶賀
貢物已奏請照例。賞收。其謝。恩供物。應否收受或留抵下
次正貢之處。奉。旨准其留抵。欽此欽遵在案。臣等謹遵照分
別擬簽進。呈至進貢。皇太后。皇后前方物。有狀無表。謹照式
録出呈。覽。再方物表例不票簽。合併聲明。謹。奏、本面照夾簽寫。
道光十五年六月廿日、
查朝鮮國王李玜、恭進。萬壽聖節。冬至。元旦令節。賀表共三
道。隨表方物表三件。又。賜物。冬至使臣。賜食。及。賜緞方物
移准漂民送出謝。恩表共七道。臣等謹各照例擬簽進。呈
其恭進。皇太后前方物。有狀無表。謹照式録出呈。覽。再方

奏字下、應有賀字、去國名、添月日、

漢字表一道、一似應作二、

物表及歲幣奏本。例不票簽。理合聲明、謹。奏 十五年春、顔。。撰、

覽王奏遣使遠来進貢方物具見悃忱知道了該部知道 補

暹羅國王鄭福 拜 表事、

覽王奏謝知道了該部知道 補

月二十四日鄭福、 拜 表事、

查暹羅國王鄭福、進獻金葉番字表一道。漢字表一。道。臣等謹將漢字表。譯寫清字。擬簽進。呈。至金葉表、俟。。發下之日。知照禮部祇領。轉交内務府存貯。理合聲明、謹。奏

禮部單簽說帖

覽王奏賀知道了該部知道

月二十四日孟既、　拜奉　表事、補

查緬甸國王孟既、進獻金葉番字表一道。臣等謹照譯出原文。

兼繕清漢。擬簽進。呈。至金葉表。俟。發下之日。知照禮部祇領。

轉交內務府存貯。理合聲明、謹。奏、補

逾百歲部照屆百
歲給銀建坊票加
恩賞銀緞

亦寫照例給與建
坊銀兩

逾百歲又五世同堂部
照百歲又同堂例加賞
銀緞票酌加恩賞給

著加恩賞給上用緞一疋銀十兩餘依議

年逾百歲之壽民婦氏請旌

查本内省壽民周聲卜現年一百一歲除禮部已照年屆百齡

例給銀建坊外臣等謹遵一百一歲以上之例擬寫加恩賞給上

用緞一疋銀十兩簽進呈理合聲明謹奏

壽婦同若本内無支領字樣只寫除禮部照年屆百齡給銀建坊外百一歲至十歲緞
一疋銀十兩十一歲至二十歲緞二疋銀二十兩以次遞加如本内有二人用俱字皆出
名本面加等字如係科第職官則酌量官尊須票出三品以上者另式檢討曾賜緞
前亦票出

著再加恩賞給上用緞一疋銀十兩餘依議

年逾百齡五世同堂之壽民准旌　准字請字酌

禮部单簽説帖

銀緞其給銀建坊一
層不票出

亦票。。夫婦同登百
歲。按此成甫。。記似
應清出適字

查本內壽。。。。現年一百二歲。又係五世同堂。除禮部將例給銀緞
於本內聲請支領外。臣等謹遵一百一歲之例。擬寫再加恩賞給上
用緞一疋銀十兩簽。進。呈理合聲明、謹。奏

此係於年屆百齡。給與建坊銀兩。未敘。此可不敘。常例也。部所敘。已屬加恩

。。。暨妻。氏俱著加恩賞給上用緞一疋銀十兩餘依議

年逾百歲之壽民。。。暨妻李氏（此可不加壽婦二字）准。。旌

查本內壽民。。。現年一百一歲。妻。氏現年一百三歲。除禮部已照
年屆百齡給各與建坊銀兩於本內聲請支領外。臣等謹遵一百一
歲以上之例擬寫俱。加。恩賞給上用緞一疋。銀十兩。簽。進。呈理合

聲明謹。奏、

蔡省三著再加恩賞給上用緞一疋銀十兩餘依議

年適百齡五。世。。同堂之壽民蔡省三。暨妻壽婦。氏（此須加以年不同也）准。。旌、

查本内壽民蔡省三。現年一百一歲。暨妻杜氏。現年一百歲除禮

部已照年居百齡五世同堂例各賞給緞一疋銀十兩於本内

聲請支領外臣等於蔡省三謹遵一百一歲以上之例擬寫再

加恩賞給上用緞一疋銀十兩簽進。呈理合聲明謹。奏、

禮部单簽説帖

此等、只票依議、與出名式相似不同、須辨、吏部同。行令引。見、准引。見、亦票依議、惟準請乃、出名、十年六月初四日、續記後條、

兵部

單簽

依議

軍政展限、。增

考選軍政、

舉行軍政、。增

軍政卓異、　薦舉各員

原準簽準請、近本內、無準、請引。見字樣、只票依議、

軍政卓異各弁准引。見、。增

兵部单簽

行令引。見、准引。見、
照本、

陝西綏。州屬靖邊營、陣亡都司蕭大賓請卹、本内聲請卹銀世職。有恭候。命下是以用請字。成甫。云、此。照。例事。用

准字。加。八年十二月初二日

漂沒各弁員議卹

陣亡兵丁議卹、。增

廣東三江協副將德安舉薦、行令送部引。見 十年六月初三日

營員子弟、分別留營食粮、。增

公爵頭等侍衛雙福、私罪、議處、降職任三級。抵罰世襲俸。用。抵級。免降世襲。以名。不。兼。卿及都。統。御不。出名。只票依議。道光四年、

二年半糾叅武員分別議處、。增。軍政全、。十三年六月十七日、照沈。式記、

出名大員罰俸行查級紀到日、再行議抵、。增

補次保留部中可照例議准二次甄別侯旨定本内聲敘成例。越級升者前雖有准字後雖無可否字但有侯定字亦同

後有知道式、武鄉會試

年屆六十六歲之東河黄河營守備崔克勤保題留任侯引。。允定九年九月十四日、

陞署調補侯引。。見定、。增

十五年二月十九日、張家口副將克什布、年六十九歲可否、留印、侯引。。見定

廣州營八旂駐防餘丁均。增

湖南省拆造戰船估。需工料銀兩議。覆

武會試日期。武會試通行各省。武鄉會試應行條欵事宜俱增

武殿試儀注。武場監試各官部件照例寬限。增

應試武舉造册解部。揀選武舉分别等第。增

條奏事宜。裁汰事宜

兵部单簽

王後襲貝勒、。土弁准襲、。准休出兵武弁其世職伊子應行承襲、毋庸給俸、。增

包衣佐領兼管護衛。改設護衛、。增

千把改補近省、。咨補微員、。卓異各弁賞賜、。增

坐補防禦驍騎校等官、。驍騎校准補防禦、。增

巡營閱伍、。軍器核覆、。增

改造棉甲、。操演鎗礮、。增

微員准休、。微員迴避、。議准微員降革、千總以下、。衛千總同。增

武弁給假、。准各弁終養、。准各弁復姓、。增

升銜留任各弁、養親事畢、仍補原缺、。增

試俸已滿、。邊俸年滿、。增

軍功議敘各弁、。賞給功牌、。增

應給印信、。增

站船報銷。增

改用水師、。玉産應分、。增

尚姓子孫准襲閒散佐領、。增

提鎮准來京。增

副將老病准休、。增

議覆孤寡等准給養贍、。增

兵部單簽

陞署守備等官毋庸議。增

管站官三年更換。增

應薦人員。增

准補管屯莊各官。增

武職請。。封。應得。。封邮。增

請頒。。勅書。增

和碩莊親王降為郡王，照例裁減護衛。九年五月十三日

福建世職吴鵬高，老病請休查覆。九年十一月初八日

湖南永州鎮標右營遊擊李方玉，邊俸年滿，保題之處，毋庸議。九年　公罪處分

咨部之本，是以用查覆。

把捴補革、不須部議原票誤。原票以革去把捴世職另襲下兩層舉一致誤、未審重輕也。

十二月十二日

雲南世職雲騎尉崔○○准勒休　本皮、原票雲南候補把捴崔○○、准勒休等因。改

崔○○、雲南人、世襲雲騎尉、歸四川。標下學習、川替、以才不及奏、降把捴、仍留世職、回籍、當差、今雲貴捴督既、又奏該員考驗不能合式、勒休其世職、另查應襲云云。九年十二月初八

伊犁等處彙奏各款議覆　給戴花翎等件

應添馬匹數目。增

孳生馬匹。增

准銷各項。增

鹽菜銀兩。增

○○省。過兵馬錢粮數目報銷核覆、八年十月。本內綜敘處、各各標各營鎮、事由多以兵馬錢粮四字括之。

兵部單簽

十三年三月十七日一本有
拔補協辦守備一條疑
問祝。云有協辦字可
票依議

駐防兵丁數目。增

甘肅各營支過武職養廉銀兩數目核覆

兵丁紅白事件銀兩。增

支過工料核覆。增

安徽撫標各營朋扣銀兩報銷核覆

各省奏繳郵符核覆。增

廣東上司營都司。。。患病准回籍調理 有直寫。官告病者。旂弁准回旂調理

彙題議覆尋常事件 後一條有盗案等項字有處分

彙題議覆盗案尋常事件。無出名人負用此二式。注增

年政改軍政九行

奉○旨議敘。部議照例行令引○見

候補、世職、老病、大計年、告假。皆不出名。十六年四月十六日

追勦州匪傷亡官兵議卹、

陣亡外委○○胞姪○○准襲雲騎尉世職、 通本。此等。以請襲世職括之。不出名。

世職○○○等准發標學習 後有加議覆字。一條。

緝獲隣境盜犯之南營千總○○○、行令送部引○見 十年五月二十四日

發標學習之世襲雲騎尉○○○、期滿保題

福建世職吳金魁、學習期滿、保題議覆 十五年四月十八日

河南省荊子關等處、添設營制各事宜議覆

年利抗玩之廣東候補守備何如光斥革 以候補。票依議。十二年十一月二十四日、

○○○○告病照例勒休 。年政年告病。十年三月、。祝○式記兵部無片便不出名

兵部单簽

十年四月初三日、江西候補守備黃安理差使平常、革退、亦票依議、易。。云、副將勒休革職、亦票依議、此似與文職知縣降革、單簽說帖相歧、易。。又云、此須奏與事由知照。按、大約在看本內聲敘有無係屬私罪等語、若直云照例則依議。亦與武職守備降革、出名相似不同、須辨吏部全、

江西撫標中軍守備多福老病勒休。

年屆六十三歲之福建鎮標右營守備。。准留任。九年二月

甘肅平羅營參將。。等准預保

遭風船隻補造、。增

福建台灣水師右營在洋遭風擊碎船隻准動項造補等因、

附薦人員三年無過准引。。見、

廣西世襲雲騎尉鄧。。學習期滿准送部引。。見

覆准升署參遊各官、。增

參將以下官署理　題署調署俱不出名自副將以上請署亦出名

送引。見。是以票依議。

應俟題補參將管。。引。見。出缺後再核辦、

捐級各員。增

議處副將。降。罰。銷。抵。總兵出名。若實降實革則守備以上俱出名。降罰銷抵自副將以下俱不出名

遊擊預保。註。冊。掣。署。參將。行令送部引。。見。本係掣補因歷俸未滿一年本內只寫掣署

此雖與署理不同。亦只票依議。元年六月二十一日、張清亮一本

司務實授。增

一

咨部調補、十一年六月初三日

彙題。。咨補千總等官、本內有拔補有調補。皆咨部以咨補概之。又有拔總。有員數以等字概之

直隷鞏華城都司善祿請陞補督標遊擊議覆

閩浙等省世職王起等年已及歲請發標學習議覆。八年十月

兵部单簽

前幅記、須看有照例字否

舊式無之、卹移庫項出結勸息冗課等由、

湯已升副将、以未引見本皮不出副将銜

盛京已革協領富通阿查有世管佐領照例一併革職

十二年五月二十四日、代易○○覆本○革職宜出名、因前已革現職、此又革兼職、如出名、則須新立式、與牛○○商酌、未出名。易○○云、應不出名、如出名、則聲敘事由、不能不與前相複。

保留、送部引○見之福建興化城守營副将佟樞告病准休致　年政年應勒休、以係保留之員、仍准休致

浙江撫標中營叅将湯貽汾、告病准休致、十二年十一月二十一日

直隸世職雲騎尉董鳳勒休、弓馬平常、年力就衰、照例勒休。○十五年二月二十一日、

求托事後過賍之藍翎侍衛馬騰蛟等、以京職不出名　頭等侍衛牛鳳山　議處、降三級調、私罪不准查抵

本内稱官員犯不應重律、杖八十、私罪降三級調用云云。○十六年五月初八日。祝○○式云、五十三年九月十二日、福崧係二等侍衛、不出名。○又五十一年、失察邪教降調之前任知府今為侍衛之黄檢、傳問兵部、因係侍衛、因公降調、向例不夾片、是以未稟複簽、只加說帖、顏○○式有聲明某某、例不出名、說帖式、祝○○式又有侍衛不出名[illegible]今不用、特

年政改軍政　三行小字

記是以未用説帖

兵部单簽

○○○、指通判、係世職、年已及歳、文職准兼武銜、兵部照例題本、本尾云、其應否支食全俸之
處、恭侯命下、移咨戶部照例辦理。有應否字、極似㒹請有侯命下、字、更易生疑、其實侯
命下、乃指文、兼武銜、其應否全俸、乃戶部應照例題本、不應㒹請也、十五年閏月十八日、在
湖廣館、易○○談及之、稍不細心、則㒹請碍難辦理矣、

易ろ又云、若使吏部、則
無命下、可但云其應否
支食全俸之處、臣部移
咨戶部辦理、便分明矣、
○侯命下、與恭侯、欽定、大
不同、但定與侯欽見定、又不同也、

𠀤通本、實在兵馬數目、票察核者

例本任未滿、而升一任、必先署、待本任俸滿、再請實授

本尾、候名命下之日、應令該督撫考驗發標學習、准食全俸、既不宜徑票准字、又不同於候名定、是以渾之。九月吏部一駁、缺本既駁、又未引例、云毋庸議、照此票

循例應撥各項銀兩。增

廣東省驛站錢粮奏銷核覆、八年十月三十日

彙題各省兵馬數目、本内並無部議、但云数符、歷票依議、何也。十二年三月、本、本尾、有直隸省遲延未到應議等語、票依議尚可、

彙題伊犁等處年終彙奏各欵、

彙題外任武職旂員留任子弟名數、吏部票知道了、複、前條去

奉恩鎮國公。病故應裁汰護衛等官

江南陞署、河標右營遊擊李德清、俸滿准實授、徐州都司本皮未寫出。十年九月初四日、

題陞鎮標中營守備李。准先給劄付。

祝○云○○陵缺本則如此擬正者補擬陪者加級按湖北廣西二本非陵缺也、

或云单不票出、

兵部单簽

彙題議准各省挨補驍騎校、　增

湖北撫標中軍叅將瑞琇等薦舉、候引。見定、　十四年九月十五日

廣西右江鎮總兵員缺擬定正陪、候引。見定、　本省擬定、先題候該員赴部、到日引見恭候欽簡一員。十二年二月十六日

直隷泰寧鎮守備員缺、擬定正陪、候引。見定、　本内稱候引。見欽定一員與上廣西本同。○十二年五月二十四日

知道了冊留覽　冊。或留或發。照本々有御發交之日。等字様亦票併發　八年十一月十六日工部減銷浙江仁和縣修理壇宇用過銀兩本、票冊留覽、改冊併發

八旂官兵領過俸餉、

知道了單併發

彙題改奏為題事件　○增○年終彙題一次○有单

道光辛卯以正作恩壬辰科以恩科作正科

・彙題各省三年内甄別。過。營。衛。千。總。数目。 千捴以下。舉劾、俱不出名

彙題各省甄別千総官員数目、 单二、十三年七月初四日、記

知道了

武殿試後恭繳黄榜、。增

武鄉試事宜

進武鄉會試題目、 名録一應事宜。進武進士題名録後注增 進武會試録登科録。增

武會試揭曉日期、。增

彙題補放旂員各弁、 安徽乾隆辛卯科、武舉潘恳元准重與道光壬辰鷹揚宴。十三年五月十一日

月選應考驗各弁

此條係道光十年伊犁將軍玉麟所奏是以無舊式。十三年三月

已行覆奏各項。增

蔭生在家讀書員名

分別扣補引。。見。增

各省撥過護送官兵起數牌票核覆

督撫提鎮撥兵護送公務官員名冊數符。
注增

依議單併發

彙題承襲世職各員　単一

彙核各省殉節陣亡諸臣後裔准襲世職

十二年七月一日吳。。票知道了単併發
後照祝。。本改用此式舊式原票知道
了十二年十二月初三日徐。。票此本用依議式易。。改用知道了式。十五年閏月十日一本用
依議単併發易。。仍改知道了式

伊犁失察為奴回犯脫逃各員議處

兵部単簽

二十六日、吳○○稟、內揔管巴布岱、領隊大臣副都統銜、端多布等均未出名、吳○○云総管不出名惟々陵寢総管出名

依議速行。增

出兵事宜、

營馬空缺速補、

河南北岸堡夫、准於秋汛裁汰、

出名。京官武職副都統以上護軍統領前鋒統領鑾儀使內務府総管武備院卿奉宸、上駟院卿步軍統領都統副都統。公侯伯爵、礼薩克王公陵寢総管、蒙古王公在京領侍衛上行走兼都統衛俱出名。侍衛不出名。此出名事論官事雖輕出名如罰銷開復加級等事皆侍衛不出有説事例出名議後事重則自守備以上俱出名如題补調補實降革等事外官武員提鎮出名副將以下不出名副將補缺署事出名且出缺與參將以下不同。十年三月二十一日議叙本帮辦大臣常豐本出名

烏大経著實授甘肅提督餘依議

署任。年後准實授　服滿請實授同。総兵同、。注增五十八年

〇〇補授。不用省字　〇〇提督餘依議　提督不票出省字

開列員缺、〇〇〇員缺開列請。〇簡

総兵副將出名同。副将掣補者同。副将服滿、雖有如蒙〇〇俞允及另行引〇〇見字様簽式亦同

倪起蛟著實授江南京口協內河水師副將餘依議

歷俸期滿准實授、〇〇副将歷俸期滿准實授。元年八月三十日　補授副将某人某省某營某官全票出署理亦然。增

試署期滿准實授

〇〇近不用著字、調補〇〇省〇〇鎮総兵官〇〇〇調補〇〇省〇〇鎮総兵官餘依議

兵部单簽

勤研堂

此與他調補對調不同簽亦變文

総兵五年俸滿開列請對調 調補不用著字。。。総兵。。。五年俸滿請與。。総兵。。。對調

。。調補伊犁鎮総兵所遺員缺著德光補授餘依議

伊犁鎮総兵德光五年俸滿開列請對調。增

鮑方灼調補貴州定廣協副將汪鳳臨調補貴州銅仁協副將餘依議

貴州銅仁協副將汪鳳臨五年俸滿准與定廣協副將鮑方灼對調

事由自汪起汪邊俸五年係尋常供職之員不准報滿只調回內地所以與鮑調補部議先鮑後汪前面叙處先汪後鮑所以本面先汪簽先鮑。九年四月二十五日

郭勒明阿補授山東沂州營副將餘依議

候補副將郭勒明阿擬補山東沂州營副將 九年七月十九日

本內聲明。。。服闋茲山東沂州營副將缺出謹以擬補恭候命下臣部考試云云。十六年正月二十八日王鏞侍衛世爵補長沙營副將本尾云謹將該員照例擬補恭候。。命下臣部另考驗

守備從未見有請旨補者，傳兵辦問之，此係推○○缺，本省無應升人員，例開列千總請簡○舊式有之，係用補副將式兩例轉之，云○○○○員缺著○○補授

兵部单簽

弓馬帶領引○○見

○○○補授江西○○○○守備

江西○○○○守備員缺開列請○○旨 開列千總二十員

富興阿補授甘肅安西協副將餘依議

預保註冊之陝西寧陝營參將掣補甘肅安西協副將 片○十二年七月初七日

○○○調補○省○○副將○○○署理○省○○副將餘依議　○一調補一署理式

○省○○副將董金鳳請准調補○○副將等因　嘉慶二年增

凡副將補授皆開列請簡故票空名○硃簽若調補署理外省奏請經部議准者例須出名出缺若叅將以下署理不出名補授不出缺至提鎮俱係開列補放如部堂督撫一例久不待進本矣○副將補授亦有題請部准者○增

○○○改補○○○副將餘依議

陸路水師○增

○○○補授○○○協副将　或城守營或督標中軍○增　水師票出

補放副將○增

○○○調補○○省○○營協副將○○署理○○省○○營協副將餘依議

一調補、一署理、○○副將○○○調補○○副將所遺員缺請以○○○○署理　陸路改水師票改補○○○營副將、○後注增

○○署理四川夔州副將　署理亦不用著字、○題署本

題署副將、　署副將出名副將降罰銷抵不出名○總兵罰俸出名與文職大員同

凡請署理總兵副將俱出名出缺○參將以下署不出名○文職署不出名

魏朝臣著陞補浙江嘉興協副將餘依議

浙江撫標中軍叅將魏朝臣准陞補嘉興協副將　九年二月二十七日

兵部单簽

蔡。。依議用餘依議

覆准題補叅遊以下、守備以上官。佐領以上官、。注增

閩浙督標水師營千総蔡。。准升補福建金門鎮標右營守備

副将服闋俟補用、。增

楝發守備、。。准補授直隸磬山堡守備、

林。。依議用餘依議

預保註冊之廣東潮州鎮標左營千揔林。。掣。補。三江口協右營守

備、

簽陞叅遊等官、。增。本尾、有給咨引見後、發給劄付帰餘依議。。十二年正月二十五日、

葉啟先本

部推之員生補者亦票依擬用。道光二年三月二十四日進姜邦治一本。。祝。。式

已滿三年者調引見未滿者不調。十五年二月

韓益清依擬用餘依議

本内聾明胡廷璜、。。。。奉。。旨俱依擬用、欽此欽遵各給劄付令其赴任外、營守備韓益清一員係回任候題千摠、續經送部歸班銓選之員、應不調引見開列職名具題、與陳振邦同。十二年三月十六日、

陳振邦依擬用餘依議

推陞遊擊等官、

改。補近省同、

本内聾明張云和等俱已奉。。旨、經部發給劄付赴任、陳振邦一員、係卓異候推、請。。旨升用。無庸引。。見、本後單寫陳履歷、是以單出名。此與吏部不同、細酌。十二年正月二十五日

。。。等依擬用

餘依議照本

月分推陞遊擊等官

與吏部月選同。注增

看清本後無履歷則不票出、以履歷為重、

凡推升月官、本内除。。等已經引。。見外、其餘各員俱照本、後所寫履歷、出首員名、不照本内次序。其数人内有引。。見已滿三年未滿三年者、歸餘依議

兵部単簽

十四日、一本九人九缺、除二人另引。見其餘四人應調引。見、又三人不調本後開七人履歷。票出第一員名。易。云照詳開票語最簡要。履歷中有照例推陞某官句。前引例處有引見後方准開缺句、莫為所混、只票依擬舊式

部議引見後、再換給劄付、似是引見後准升、未審係已准升者是以誤票

籤陞叅遊等官、守。備以上若干把則不出名。叅遊一項籤升則票依擬題補則票依議開列請。簡則票空名簽。注增

掣補叅遊等官、

改補近省各弁、員 。本内例無夾片

。。依議調補

調補各弁、。增

。。。依議調補餘依議

汪大成依議用餘依議　本内未稱其材藝、係議奏之本、是以票依議

甘肅陞守備署赤金營都司汪大成歷俸已滿三年准實授

請實授、杜語云。請換劄付。部議准實授。又以係應引。見之員、行令送部。誤票依議。易。改。若係引。見定者則票依議。十年三月二十一日、

已引見者本内敘旨之後必有令其赴任外等句、將此項已用者除去、下乃分別將未引見者調取不調取

調補不出。竊意此本即部議、敘明先升後調、亦宜照此票擬

周學義等依議調補餘依議

周（守備）因迴避本籍、與羅永忠對調。此簽有单出名、叓出名二式易○○云、叓出名、似非對調、對調應用○○○等式。十年五月三十日、以部出語先後為定、勿以通本敘事由為憑

陝西漢中營守備○○○、准與寧陝營守備○○○對調

○○等依議用餘依議

本内共官十三員、已引見者○員、本内敘出旨意（無旨意片）云○○○等依議用、餘依議、下餘○人、有不應引見者、有調取引見者、陳○○云應出未引見者名、以本内先敘未引見者、本後只開未引見者、應歷也、子與牛○○、則云宜出已引見者名、用吏部例照旨意片寫簽也、後用陳○○式、祝○○云此宜用陳振邦式（在首頁）兵部與吏部自不同也。十一年九月十五日記、月日本、

○○○等依議用餘依議

此本浙江象山協千總汪○○、應升本營守備、紹興協千總胡○○、應升本營守備、各因本籍俱應迴避、通本請於升後對調、部議只將二人陞補、應調之缺、是以不出調補字。十二年五月四日、沈○○本、祝○○定

馬天錫依議用餘依議

兵部单簽

此本再詳

此用張未陽調補式，式載吏部

甘肅○○○遊擊○○○擬補陝西維化營叅將迴避本籍，行令揀員對調。擬補總用依擬用叅。本尾無請定字，無候定字，但有引見後給與劄付云云。擬票　依議

照祝○式改式載。叅將周德勝擬補陝西洮岷營副將，迴避本籍，行令揀調遺缺，即以周○補授，不便照出省出缺票式。十二年七月十一日

姜得智依議調補餘依議

甘肅硤石營都司姜得智准調陝西西安營都司等因　十二年十月十七日代祝○覆

姜調西安營，多伸布調硤石營，對調也。多係調署，故不出名

楊維依議調補餘依議

河南光州營守備楊○准調補貴州○○○○守備　十二年十二月十四日代覆本

楊維直隸人，前推升貴州守備，以預呈告近改補河南汝寧守備，調光州守備，令養親事畢，貴州原缺乞出請旨將該員調補。祝○○式有推升員弁坐補亦票依擬用云云，未用，以此本內屢稱調補也。牛○○以為議字可改擬字，予以本內先引定例，又云例應請旨調補，亦未用其說。范○云推升坐補票用字，是指無缺者言，楊由河南調貴州，應票調補。

本身先欽廖艾二員，本後，却先開托普崇武，以本後計開為定，故出托普崇武名，用陳振邦、汪大成舊式也。十三年五月十五日。代祝。

托普崇武等依擬用餘依議

本內稱參將一缺，應用黃旂蒙古人，應請欽派大臣，於侍衛處人員揀選，另帶引見。又除數員另帶引見。又稱廖瑞開、艾嘉會二員，係武進士，分發守備，應調引見後，再給劄付。又敘托普崇武擬補遊擊，劉旭擬補都司。又有守備四員擬補，俱毋庸調引見。本後，履歷首開托普崇武，故出之。

一調補一調署

調署不出名，惟署副將出名，與參將以下不同。舊式有浙江衛千總馬昌德等，對調出名一條。

等依議調補餘依議

二員迴避對調

陝西大馬營遊擊炳南，請與定遠營遊擊色楞額對調。九年二月。

張世璠楊成俱依議調補餘依議

對調新式。四年五月二十一日。增

依議用餘依議

一升補一升署

十四年八月初五日、千捻補調無夾片。易多云衛千摠出名，今亦不出名。十年六月二十五日

參遊以下官、俱出名，不出缺。票多依擬、依議用

此條不同

先補、後即調

依議。依議用　。升署在前、升補在後。增

等依議調補。依議用餘依議

二員對調、一員升補、

參。將以下、升補、調補、俱出名、不出缺。若推升，名員出首員一人名。署不出名。副將、署摠兵、出名。千摠以下補調、俱不出名。增。參領、協領、佐領、實缺、俱出名

標營協。參將遊擊員缺著。補授。增

劉旭圖托布俱依調補餘依議

守備對調、。文江本。補。九年五月十九日

豐盛額依議用准其與錢永甸對調餘依議　四年正月二十三日

安徽准補宿州營都司豐盛額請與壽春鎮都司錢永甸對調

生。補改。補借。補、皆票出、

本內豊盛額試用准補因初任未能熟悉地方情形。請調本與夾片保錢永向在前簽仍以豊在前。以此本因請補。乃請調也。又籍隸本府之守備、例應迴避、與隔府對調亦照此票。祝。記。十五年五月五日批。四年四月、進浙江定海鎮守備余雲龍一本余係定海人為。此本之主。對調者為賓故也。

浙江定海營千總余雲龍准升補定海鎮標中營守備遵。例請與溫州中營守備馬為推對調。籍隸本府例應迴避

。。。依議改補餘依議

陸路改水師、

西林保依議借補餘依議　十五年六月初六日、外海守備、借補內河都司一本誤票依議用照祝。式改票借補。三年、四川、西林保、以叅將借補遊擊。本內於此等借補本皆稱應升時仍以。升補

四川委用叅將西林保准借補建昌鎮遊擊　道光三年七月二十三日、

兵部単簽

原抄本係調用、照成甫。本改、

此即豐盛額錢永句式。載前、

鄭廷揚馬成龍俱依議用李永清依議調補餘依議 四年五月十二日

。。鄭廷揚等准題補、等因、 本內、鄭在前李次之馬又次之因李係調補、是以單寫在後、馬移於前、迎出名。以非連次不用第字。壬申堂定

。。。依議用准著與。。。調補 千總升守備、所升之缺、應迴避請與。。。對調。既不可直票調補又不可不票出調補、易。。係擬升未到任也 言、前代成甫。。看本自酌此簽無舊式。十五年四月二日記

王國渠依議調補童載瑜依議用餘依議 十五年五月十七日

童應升補、又應迴避先將王調補、將童補王之缺與先擬補即調補者不同故用舊式

張成共四案著每案於現任內罰俸一年 如罰俸年月數各不同則用其案字分清 博奇富寬俱著

一人案同或二人同則合 罰俸六個月惠齡著於現任內罰俸六個月富明阿著銷去

軍功紀錄一次給還尋常紀錄一次免其罰俸 寬罰在前鎖抵在後若一案再罰不可合併

再字分各字合
梁云戶部戶部處分
本作一人先言罰俸月後
言於現任內或補官日罰
俸一年完結只票出後

彙題議覆盜案等項尋常事件　大員降罰銷抵出名專謂總兵以上

永理阿克東阿俱著銷去紀錄一次其從前各罰俸之處仍註於紀錄抵銷

○○○○之永理等議處　銷抵式如一人則後一層寫其前議罰俸三個月之處

永罰俸六個月有紀錄八次又從前罰俸一個月今銷去紀錄一次抵罰俸六個月尚罰一個月
注於紀錄俸合計抵銷阿從前罰俸五個月餘與永同

於火器營砲位被竊不行查察之該管王大臣議處　此條只錄本面

尚維綱著銷去尋常加一級仍降二級留任　降　銷連　馬建紀王應鳳俱著

於現任內罰俸六個月　合二人　富甯仍照原議罰俸三個月　議　照原　吉林太祥

太俱著罰俸一年　合　橫　再各罰俸一年　分　直　格棚額著於現任內罰俸一年再

罰俸六個月　分　直　哈豐阿馮聯科俱著　合　橫　罰俸一年再各　橫合　直分連　罰俸六

兵部單簽

一層兵部則須兼票前後二層因漏前一層李沈陳三次被處矣。按此條須兩請揚。云諸位被處係一人兩處兩案限不同本內後一層係分說看作歸并耳。十年十一月十八日梁前輩又云吏部本兩層處分有總計句兵部則無總計句所以遂湖致誤。十一年十二月兵部本又漏寫首一層罰俸個月祝訛被處一案兩限初限罰俸個月次限離任罰俸一年完結只出後一層也。

兩案兩處分出一案兩限亦分出又有未敘明一限兩限但云罰俸個月其離任日期俟復參到日再核者問高云如復參限內卸事却宜分出如查明係初參限內卸事而已罰俸將如何據云若然則已罰過了易云聲明有遲早不同。十二年五月初八日記

個月張鳳著銷去軍功紀録三次劉瑞著銷去軍功紀録二次免分仍各

後合。若各二案處分各一案同又各一案不同則不能用此式票

給還尋常紀録一次銷兼給免其罰俸銷抵罰蕭福禄王

兆夢俱著合銷去尋常紀録一次免其罰俸銷抵餘依議

兵部議覆盜案等項尋常事件

本議罰俸一年再議加罰俸肸者照本用再字不可併。案同數人可合議分一人必分

文孚著銷去尋常紀録一次其餘罰俸兩個月之處仍註於紀録抵銷

桂輪阿勒罕保罰俸三個月之處著註於紀録抵銷餘依議

失察過繼頂名之鑲藍旂滿洲佐領博卿額等議處十年十一月二十二日

文。舊有罰俸個月照舊式用從前字琴山商改

又有二条限内卻事係特旨升、調、不、與離任官罰、俸一、年、完結同者則須知○票○處知○如罰俸○個月云云○（再罰俸○月）十三年十二月記

兵部議覆盜案等項之本、如有應出名大員、必有夾片、片中有敘○○初条罰俸六個月、二条限內卻事、（初二条限內卻事、應有別再詳）罰俸一、年、完結、應於限任內罰俸云云、完結○二○字○最○含○混○誤○事○此簽直票○○著於現任內、罰俸一、年六、個月、○特記、○李○○式

十四年九月二十三日、薩齡阿初条罰俸三個月、二条限內卻事、再於、（與一年完結、俱全票出、）現任內罰俸六、個月、完結、應於現任內罰俸云云、沈○○票○○著於現任內罰俸六個月、予疑前罰三月、不應歸入現任內、牛○○云、刻下題本、總在現任內罰俸、與李○○所記意合、用之、

兵部单簽

此案將無關緊要事件擅發　百里驛遞議以降調之副將〇〇〇著暫停開

缺仍留軍前効力俟事竣回營之日該督出具考語送部引見　原注〇照本稟单簽〇七年正月初九日〇增

張玉龍著〇〇〇級〇〇〇〇著〇〇〇〇餘依議

於攻康普一帶猓匪打仗出力之署雲南提督臨沅鎮總兵張玉龍等遵〇〇旨議敘

哈豐阿革職留任之案准其開復

廣州將軍哈豐阿前任内革職留任之案　烏魯木齊提督任内帶兵遲延逗留　准開復　十五年五月初九日

〇〇〇著於職内降〇級留任〇〇〇著罰職任俸〇年〇〇〇俱著銷去加〇級免其降級〇增

〇〇〇著罰領侍衛内大臣俸〇〇年〇〇月〇增

〇〇〇著罰親郡王俸〇年〇月增

〇〇〇著罰尚書都統俸〇年〇月增

〇〇〇著於前鋒統領都統副都統尚書侍郎任内罰俸〇年〇月增

〇〇著〇〇俸之處著註於親王貝勒紀録抵銷〇〇〇著罰俸〇個月註冊〇增

此案失察僧人舉真在左營房往来居住各大臣等事歷多年漫無覺察非尋常疎忽可比奕綸奕興均著降二級留任各折罰職任俸二年寶麟著降二級留任貴慶永明額武忠額寶興孝順岱均著降一級留任綿清祥瑞繼昆奕奎奕綺綿岫均著降一級留任各折罰職任俸一年所有該大臣等降留罰俸

之處均不准其抵銷

陵寢重地理宜清肅該管各大臣等於僧人舉真在營房来往事閱十數

年之久並不隨時查察立即驅逐以致釀成事端既經降旨交部議處且均

係大臣自應查明專摺具奏仍照尋常事件具題殊屬非是兵部堂官

著傳旨申飭欽此

来往改来往居住　二行

耆英著銷去尋常紀録二次其前議罰俸三個月之處仍註於紀録
抵銷奕經著銷去紀録二次免其罰俸又拿獲盜犯六百〇十〇名之
耆英桂輪奕経俱著加一級餘依議　十五年十月十七日、顔〇〇代票

一人先處後敘之本僅見、所以此本與牛〇〇、顔〇〇、酌出事由、以分別之、又李笛樓式記有出名式〇拿獲逃軍之〇〇〇每名紀録二次、拿獲逃軍之〇〇〇每名紀録一次、此等非出事由不明也、〇已票定檢本内、四簽単内只有三人耆英、桂輪、奕経単内漏寫副都統潤普通鄂一員、撤添顔〇〇又改票更妥、並録後、

耆英二案其一案著銷去尋常紀録二次其前議罰俸之處仍註於
紀録抵銷又一案著加一級奕〇共二案其一案著銷去紀録二次免
其罰俸又一案著加一級桂〇潤普通鄂俱著加一級餘依議

兵部単簽

有本尾。添 餘依議。

武鄉試。有監射。有
監試。分票。

文會場。寫會試

這考試滿洲取中。名蒙古取中。名漢軍取中。名奉天取中。名直隸。。、與文會試同

武。會。試。中額。

武場這同。考。官。著。。。。。。。。。。。。。去武鄉試武會試餘依議

著。。。提調

武。會。試。

著。。。。。。監射。。。。監試餘依議

武。鄉。試。。增

內簾監試著。。。。去

武。會。試。。增

兵部单簽

這收掌試卷著有點者去
武會試。增
這執事各官著照該部所擬人員去
武會試。增
這外簾官著有圈的去
武鄉試。增二十一年隨用此式。增
知武舉著○○○去
武會試。增
這監試著○○○去

嘉慶九年、禮部奏、歲試年照常考、科試年繙譯錄科與考生童同辦，亦有這場內彈壓著副都統、、去、餘依議不分左右翼式注、武鄉會試同、蓋督理稽察左右翼云、云、簽事用於文鄉會試也。

考試八旂武童 ・增・有監試名单本内請點一節。會同學政考試無監試字樣仍票此簽。成甫○○記、注增

這場内彈壓著左翼副都統○○○右翼副都統○○○去餘依議

八旂考試繙譯生童、○增○生童字自添、○此票彈壓字○如

這場内督理稽察著左翼副都統○○○右翼副都統○○○去餘依議 左右翼单一片二比照

如會試督理稽察官請○○點、○請○○旨事。本内前有彈壓字和票出。如鄉會試繙譯鄉會試同、○後注增

武場正考官著○○○去副考官著○○○去

武鄉試考官開列請○○點、

遣○○○為正考官○○○為副考官

武會試考官開列請○○簡

兵部单簽

武會試除御史監試外請派王大臣同兵部堂官今圍考試兵部本夾单寫請派監射大臣內閣票著監試歷查硃籤皆此式九年九月二十八日照舊式票監試

繙譯無技勇单票監射

武場監試著去武會試監試御史請點　貟　四員

著監試武會試監試王大臣請點四貟

注增本內稱較射堂官已另奏請點此請點王大臣四員分闈考試单面寫監射王大臣官单歷来票簽却云監試與監試御史四員只分文法倒正十二年九月

武殿試　武鄉會試監試

著會同原監試之大臣考試

武殿試

著去

請點監射大臣　武試監射大臣請簡武鄉會有技勇照此

著監馬步射　十三年六月十九日順天府丞王瑋慶咨兵部云考試文童生請奏派二員監馬步射夾单開領侍衛內大臣滿中堂都統各銜名請點二員又有比

較牌一即此式單面卻寫云監試大臣職名

繙譯場請。點監射大臣

繙。譯。無。技。勇。照。此。式

八旂會試場考校文舉人騎射監射大臣開列請。點

四年二月奉堂諭照

繙試簽式

祝。記、惟此本依議
在前、餘本俱在後
十三年七月十八日記

雙簽

依議。。等十六員 嘉慶七年十二月一本不票出員数 俱著帶領引見

依議。。等十六員俱不必帶領引見

八旂軍政休致各官應否引。見請。旨

道光二年五月十八日、發第二簽、七年五月十四日、休。致。各。官。本。照。此。

依議。。著帶領引見

依議。。不必帶領引見

廳。出。名。 因公罣誤 副將署總兵。同。。 恭将以下。至守備。照。部。議。就部議重。輕。分。別。出。名。不。出。
武職。 名単。訛。舛。訛。

依議唐仲等著帶領引見

兵部雙簽

此與十二年十二月及十三年七月在上頁祝○囑不用依議在前之言不符、

已奏革職是以毋庸議是以不用前單後雙革職單、世職雙簽式切須看清

依議唐仲等不必帶領引見。增

盛京八旗駐防軍政叅劾各員應否引○見具請。道光八年十月○下第一簽、六二年俱發第二簽、

八年十二月舒倫保等一本下第二簽、本內聲明除驍騎校六品徽員毋庸帶領外其餘各員請○旨

依議王世恩所襲世職仍留本身

二十五年祝○式道光六年又一本式同、

依議王世恩所襲世職著另行承襲

依議鄒德所襲世職仍留本身

依議鄒德所襲世職著另行承襲

○○○署都司鄒德所襲雲騎尉世職應否存留請○○旨

十五年七月二十四日、顏○○代祝○○、照前式用舊式

本內稱鄒德不能禁約屬員、致踢死○○、又不能防守致○○○脫逃實屬庸懦無能已經奏請革職毋庸議其世職應否存留本身抑或另行承襲請旨本尾有失察之統轄上司及提鎮、

應開職名、送部核議云云、顏○恐開首依議二字、不能包括本尾數語、送本來問、予以十二三年、所聞於祝易○奉旨不用依議在前舊式之言、相告、後查出祝○本二十五年六年有依議在前式仍用之

御門無半俸簽。楊。。
云、

非以前已准乃目前部議准也。牛。云、部無用請字者
有該處據呈題本部本並無兵部議奏字樣者亦用此、

依部議也、如外省奏請休致、奉旨依議、而部中未題本則另酌、牛。。全酌、
莫用等字、全出名、

。。。著以原品休致

。。。曾經出兵 本面若寫出征籤亦寫出兵 打仗 殺賊受傷捉生 得功牌 此等照和 著以原品休致給與全半俸以養餘年

請休請俸欵者本皮宜先出官、再出准休、再出可否給俸為順、

老病准請休之。。。。。可否給俸俟。。定、

全俸半俸或原食半俸或半俸之类現食半俸一殺賊一捉生俱照本一請休一請俸分寫。本內奉。。旨兵部議奏者用此。本內准休者本面寫。。者。。之。。老病准休可否給俸請。。旨。後注易。。定九年三月十七日

一人請休請俸・梁。。云、請休請俸一案票休致事、已准休、單請俸者票俸祿事。十年閏月二十五日記

。。。曾經出兵打仗殺賊得功牌著給與全半俸以養餘年

。。。不必給俸

廣西左江鎮揔兵奏。。旨勒休亦請俸、亦照此票 十一年三月初二日

因病已休 本內已休。。旨知道了。或依議 之。。。。。可否給俸請。。旨、

已休之員請俸。一員

。。。。。等俱著以原品休致

兵部雙簽

打仗殺賊捉生受傷得功牌年過六十數條中有二三條皆給全俸其有原食半俸者則照票原食半俸文江云原食字不可省。十年十二月十五日

○○○著以原品休致○○曾経出兵打仗（照本）著以原品休致給與（全/半）俸以養餘年

○○○○等因病請休○○○可否給俸請○○旨（一請休、一請加銜請俸。二則）

○○○等俱著以原品休致（俱出名不用等字○成甫○○定）

○○○等著以原品休致○○○曾経出兵打仗捉生（照本）著給與半俸○○○曾経出兵打仗殺賊得功牌著給與全俸以養餘年

○○等因病請休已奉○旨休致之○○○等可否給俸請○旨（數員請休數員已休請俸）

○○○○俱著以原品休致

○○○曾經出兵（照本）著以原品休致給與○俸○○曾経出兵（照本）著以（若二人同加俱字）原品休致給與○俸以養餘年

驍騎校、本面用等字

老病請休之○○○○○等○可否給俸請○○旨

二員○全○請休請俸○一全○一半○

托克湍吉爾嘎勒信那本保圖西訥俱著以原品休致

俱出○名○不用○等字○應加餘依議

圖西訥著以原品休致托克湍吉爾嘎勒信那木那曾經出兵打仗殺賊

捉生俱著以原品休致

如已休專請俸則去此句、如二人功績不同則遞寫下、

給予原食半俸

本內聲明應予全俸○以原食半俸○請賞給

半俸以養餘年餘依議

本內聲明○啚西訥○騎尉世職○令該○照例另行辦理○故加末句

黑龍江多倫貝爾正紅旂食半俸托克湍吉爾嘎勒等因病請休可否

給俸、請○○旨、

三○人○全○請休三人中○二○人○請○俸○八年十二月十一日、

○○○○○○俱著以原品休致

二人照本次序

○○○

此人本內居次以給俸移前

曾經出兵打仗殺賊著以原品休致給與全俸以養餘年

此人本內在前以不

兵部雙簽

請俸移後以便與餘字接餘者不請俸云云也著以原品休致餘依議

二人全請休中一人請俸○十六年四月二十二日顏〻查祝〻式即上條托克淌吉爾嘎勒等式也○四月二十六日記

三簽

鄭柏著革職。開缺。不准留。該處効力

鄭柏著革職。暫停。開缺。准留。該處効力。餘依議

鄭柏著革職。作為。兵丁。効力。餘依議　○二十一年四月初六日進。○增

兵部三簽

先出名者，有此案二字，
亦有不加者。
勒休等本只票依議，又
不在此例，辦清只看本
中有照例字否。○十年四
月二十日，

單簽説帖

此案將襲職勅書押借錢文之郭仁布著照部議革職餘依議

此本原票依議，因係三品，改此式出名，又因係京官，改用依議存酌。○十五年五月十七日，易吕定。

查本内議以革職之正紅旂蒙古世襲輕車都尉郭仁布係屬私
罪，是以臣等不票雙簽，理合聲明，謹。奏，

此案　易添

馬得失察隱匿不報重案著照部議降二級調用餘依議

失察地方隱匿不報重案之。。營鎮遊擊。。。降調，説帖

查本内議以降二級調用之南營遊擊馬得，於地方失事隱匿不
報重案失於覺察，情節較重，是以臣等不票雙簽，理合聲明

兵部单簽説帖

十四年八月十九日、廣西都司陳殿鰲、知情故縱子弟滋鬧、陳革職、本兵部無夾片、查李○○式應添應撤、祝○○式有守備私罪革職、兵部不出片票、依議不出名、式予意欲用单簽出名、加說帖式、傳問撤、

○○○弓馬生踈著照部議降二級調用、餘依議

○○省○○鎮營之守備（參遊都司等同）○○○弓馬生踈降調、說帖

查本内、因弓馬生踈、議以降二級調用之守備○○○、事關整飭營伍、経兵部聲明、毋庸查級議抵、是以臣等不票雙簽、理合聲明、謹奏、

毋庸查級議抵、事關軍政、與於所應管公事有悞、較量輕重不同、是以變文、大員私罪等、不票雙簽、詳吏部单說條

查本内、議以降二級調用、准留世職、支食全俸、隨營効力、照所降之級補用之四川候補守備署提標中營把捴余廷松、係失察營兵搆亂、奉旨咨部嚴議之案、是以臣等不票雙簽、理合聲明、謹奏、

奉旨嚴議

此案陳三級因與文職逞忿將印信面呈該協請另委署殊屬

浮躁著照部議降一級調用　十三年十月二十四日

查本内議以降一級調用之四川撫邊營守備陳三級係毋庸

查級議抵之案是以臣等不票雙簽理合聲明謹奏

高。踈防海洋行刼三案俱二叅限滿贓賊未獲著部議降革餘

依議

踈防海洋之。。。高。。議處　原入单簽

前任電白營都司高振鷹踈防海洋行刼三案俱二叅限滿贓賊未

獲著照部議革職餘依議

兵部单簽説帖

前任電白營都司疎防海洋行劫議處本内聲明、高○○已另案降調、今三案每案降一級、無職可降、應革職、是以出前任字樣。增。底稿注明、単簽

於疎防崇明縣洋面連劫之分巡總巡各官分別議處

明禄罰俸三個月之處著註於紀録抵銷其於犯事革退永遠不准食糧之人復徇情挑甲之佐領吉爾占著照部議降三級調用餘依議六年五月十八日。增。原入単簽

姜長齡著銷去隨帶加一級免其降級餘依議

失察營兵聚賭毆官之江南狼山鎮總兵姜長齡等議處十年六月初七日本擬票簽加說帖

查本内議以降一級調用之江南狼山鎮守備署掘港營都司孫萬

易○○定、单簽用、雙簽、某一簽式、變例也○審酌

清係級紀准抵之案、向票雙簽、再查此案前於四月二十四日、兵部具題、將
前任掘港營都司俞大銓、議以降一級調用、奉旨依議欽此、是以臣等
於孫萬清一員、亦不添票送部引見簽、理合聲明、謹○奏、

兵部单簽說帖

易○○云、簽不出官

雙簽説帖

依議　第二簽出名此簽可省文○諸部即

此案因造冊遲延議○以革職降調之羅光照聶世俊陳光陳廷高　若有候赴部等員則須○層分出

俱著該督出具考語送部引見　兵部處分本不寫副降○諭旨○無該撫者多　餘依議

○省造冊遲延之遊擊羅光照等　本度從省　議處、雙簽説帖

查本内因造冊遲延議、以革職之遊擊羅光照降二級調用之遊擊聶世

俊銷去紀錄四次、仍降一級調用之遊擊陳廷高俱係因公議處之案

是以臣等照例票寫雙簽進○呈、伏候○○欽定、

因○公議處○○雙簽降革第二枝○後○出名○以便先出部○議○後○從○寬○典

兵部雙簽説帖

依議

此案因失察屬弁責打民人致死議以降一級調用之佘章著該督撫出具

考語送部引見

查本内議以降一級調用准留世職之雲南臨元鎮署都司事雲騎尉佘

坤，係屬公罪，云云

本内稱係公罪，無級可抵，應照例前引定例降職任一級，留其世職，支食全俸，仍隨營効力，照所降職任補用，與他本不同。十五年四月二十六日

依議

此案因。。。議以降二級調用之麦瑞俟應補

乾隆十三年，奉。。上諭養親事畢，字樣改應補之日欽此之日該

部帶領引見餘依議

易。。云、說帖。不出事。
由。至降級云云、則簽
帖不、俱出之

。。省。。。終養回籍之遊擊麦瑞議處　雙簽說帖

查本内議降二級調用之前署福建臺灣水師副將事遊擊麦瑞、係

因公議處之案、例票雙簽、再查該員業已終養回籍、是以臣等擬寫

應補之日該部帶領引見簽進。呈伏候。。欽定

終。養。回籍。丁。憂。告病。仝

祥泰著降二級餘依議　大員。降。罰。銷。抵。出。名不出。事。處。降。處。革。同。副參將以下。守備以上。實降實革。出。事。出。名

祥泰著降二級　大員。不。票。雙簽　其因失察兵丁賄縱塩梟議以降調　說帖分。清　簽內總。說　之薩

爾杭阿陳鳳　簽內出。名不。出　官說帖聲明　著　不用俱字　該督出具考語送部引見餘依議

失察屬員兵丁賄縱塩梟之山西太原鎮総兵祥泰等議處　雙簽說帖

兵部雙簽說帖

降抵似應在實降之後

查本内議以降二級調用之山西太原鎮総兵祥泰。係。屬。大員。不。票。
雙。簽。其。因。失察兵丁賄縱鹽梟。議以降一級用之副将薩爾杭阿降
二級調用之遊擊陳鳳。俱係級紀准抵之案。是以臣等照例票寫準
簽進。呈。伏候。欽定。
級。紀。准抵。大員。及各。官。同降。調。若大員罰俸銷抵。各官定降。則説帖内。不。須。聲。明。係。屬。大。員。云。云。
施聯科著銷去軍功紀録四次尋常紀録四次免其降級德克登額著
於現任内降三級調用馬國用著於現任内降二級調用餘依議
施聯科著銷去軍功紀録四次尋常紀録四次免其降級德克登額著
於現任内降三級調用馬國有著於現任内降二級調用其字。去。因。失察差

除文武大員與各不出名官分別外帖以事輕重為次序簽以事同異為次序

移官後有現任字所不能該者仿此式

帖內未及施聯科

三人同處叙

書冐領庫銀硝磺議以現任內降調之馬入雲長福周景魁李方玉姜英喀爾莽阿董偉喻土德阿臨泰數員所降級數不同而調用同總以降調二字括之不復分別級數俱著各該督出具考語送部引見議以現任內降調之阿彥達著該管大臣出具考語送部引見餘依議

失察書差冐領庫項之署巴里坤總兵德克登額等議處　道光八年　月

查本內議以現任內降三級調用之署巴里坤總兵德克登額現任內降二級調用之江南狼山鎮總兵馬國用係屬大員照例不票雙簽議以抵降一級仍於現任內降二級調用之貴州提標叅將馬入雲抵降二級仍於現任內降一級調用之湖南鎮筸鎮遊擊長福現

兵部雙簽說帖

四人合

阿彥達處今與長福同以
移官另說。阿彥達片內
未出名照本出名。九年
五月初七日另。云以照片
為主與此稍別

改簽二。原簽錄德克登
額著加恩改為降四級留
任馬國用著改為降三級
留任施琳料著銷去軍功
紀錄四次尋常紀錄四次
免其降級其因失察差書
冒領庫銀硝磺議以現任
內降調之馮入雲長福周
景魁李方玉姜英喀爾吞
阿董偉喻士德阿臨泰俱
著各該督出具考語送部

任內降二級調用之湖南永州鎮標遊擊李方玉湖南河溪營都司姜
英貴州永安營副將周景魁現任內降一級調用之湖南鎮筸鎮遊擊
董偉湖南嶺東營守備阿臨泰靖州協都司喻士德湖北德安營
叅將喀爾吞阿抵降二級仍於現任內降一級調用之前任鎮筸鎮
鎮標遊擊步軍校阿彥達俱係公罪（改因公議處文法從簡）是以臣等分別票擬
雙簽進呈伏候欽定
蔡萬齡著銷去軍功加一級免其降級仍給還軍功紀錄二次餘依議
蔡萬齡著銷去軍功加一級免其降級仍給還軍功紀錄二次其因鈐束
戍兵不嚴議以降調之王福生黃國才溫兆鳳俱著該督出具考語

引見議以現任內降調之阿彥達著該管大臣出具考語送部引見餘依議
蔡萬齡著銷去軍功加一級免其降級仍給還軍功紀錄二次其因鈐束戍兵不嚴議以降一級調用之福建臺灣鎮標左營守備王福生城守左營守備黃國才水師右營都司溫兆鳳俱無加級紀錄抵銷例應令該督出具考語送部引見惟台灣遠隔海洋該員等被議之案尚係因公若令給咨來京往返需時有曠職守王福生黃國才溫兆鳳俱著加恩照所降之級留任餘依議

送部引見餘依議

○增

○○○補授廣東龍門協外海水師副將

○○○署理廣東龍門協外海水師副將餘依議

兵部雙簽說帖

廣東龍門協副將員缺開列請簡單一小摺簽說帖

查本内廣東龍門協外海水師副將員缺，兵部揀員開單請旨

簡放，並聲明各將應俸未滿之員補放，令其升署，仍俟扣滿年限

再行實授。臣等查單本内開列五員，惟林松一員歷俸已滿一年，其餘

李元等四員，均歷俸未滿年限，是以擬寫補、授、署理二簽進呈，

恭候欽定，理合聲明。謹奏。

廣東本省現無合例應升人員，是以兵部照例揀員請旨，原票補授空名單簽，後與祝某年某酌改雙簽說帖。舊式未有恰合者，照本擬票。十二年二月三日。

叟簽。近依議字不許
裝頭可移於後

軍政

依議

舉行軍政、

考選軍政、

軍政展限、

軍政卓異薦舉各員、　原叟請近本内無引見字樣、只票依議

軍政卓異各弁准引見

依議。等十六員　嘉慶七年一本不票出員数　俱著帶領引見

軍政　甄別

速。
發。

依議。等十六員俱不必帶領引見

八旂軍政休致各官應否引見請。旨　七年。休致。各。官。本。照此票。

依議唐仲等著帶領引見

依議唐仲等不必帶領引見

盛京八旂駐防軍政叅劾各員應否引見請。旨　本内聲明除六品微員無庸帶領外，

甄別

知道了单併發

彙題三年内甄別過營衛千總數目

千總以○下○舉○劾○俱○不○出○名○